象棋入门系列

常婉华　杨永明　叶中　编著

象棋入门 ②

化学工业出版社
·北京·

图书在版编目（CIP）数据

象棋入门. 2/常婉华，杨永明，叶中编著. —北京：
化学工业出版社，2018.12
ISBN 978-7-122-33142-7

Ⅰ.①象… Ⅱ.①常…②杨…③叶… Ⅲ.①中国象棋-
基本知识 Ⅳ.①G891.2

中国版本图书馆CIP数据核字（2018）第230752号

责任编辑：宋　薇　　　　　　　　　装帧设计：张　辉
责任校对：王鹏飞

出版发行：化学工业出版社（北京市东城区青年湖南街13号　邮政编码100011）
印　　装：大厂聚鑫印刷有限责任公司
880mm×1230mm　1/24　印张9　字数255千字　2019年3月北京第1版第1次印刷

购书咨询：010-64518888　　售后服务：010-64518899
网　　址：http://www.cip.com.cn
凡购买本书，如有缺损质量问题，本社销售中心负责调换。

定　　价：38.00元　　　　　　　　　　　　　　　　　　版权所有　违者必究

前 言

本书是象棋入门系列的第二部分，主要介绍象棋残局的生死棋型。在编写过程中，查阅参考了大量资料，有一些感悟跟同好者分享。

编者中的杨永明为常婉华师兄，均师从于北京象棋名手王国栋。王国栋任北京棋院副院长之前曾担任北京市业余体校象棋教练（北京什刹海体校前身），除两位编者外，特级大师谢思明（亚洲象棋女皇）、象棋大师喻之青也是其著名弟子之一。最早的体校象棋班在北海体育场看台下面。小时候的北海体育场经常售票举行象棋表演赛（挂大棋盘），如果赶上下雨，观众也会先躲下看台，等雨停了继续观战。

王国栋师承象棋名家谢小然先生，老师常说他培养出来的弟子所取得的成绩，离不开像陆兴、方士庆等几位老师的帮助，所以功劳不能记在他一人头上。学棋先学品，难忘师恩。

陆兴、王国栋两位老师根据谢小然先生的口述，1991年整理出版了《京华棋坛风云录》一书，书中讲述了北京棋坛早期的一些棋人、棋事，很有历史价值。在征得作者的同意下，我们在本书中摘录了一些，根本意思一是分享，二是对象棋文化的传承。

感谢在我们成长过程中所有给予过帮助的人，我们也要将所学所感继续传承下去。感谢、感恩。

目 录

第一章　老北京棋坛那些事　/ 001

第二章　象棋名家谢小然　/ 006

第三章　谢小然与东北虎王嘉良　/ 011

第四章　残局的生死棋型　/ 014

   第一节　兵卒类　/ 016

   第二节　马类　/ 050

   第三节　炮类　/ 072

   第四节　车类　/ 092

   第五节　马兵类　/ 128

   第六节　炮兵类　/ 144

第七节　车兵类　/ 160

第八节　马双兵类　/ 173

第九节　马炮类　/ 177

第十节　其他类　/ 190

第五章　薪火相传　/ 200

第一章

老北京棋坛那些事

解放前的北京，是华北、东北的象棋活动中心，棋艺水平完全可以和上海、广州分庭抗礼。

当时，全国各地布局稍有不同。华东、华南多以中炮和仙人指路为起着，华北、东北则以炮、马、兵、相四子为第一手，如谢小然、田玉书、胡震洲、赵文宣、全海龙等老前辈，虽所取不拘一格，而与此四子，无不善用，此乃华北、东北布局特点，并在东北、华北各大比赛中经受了考验。同时证明了相局为正局之一，寓攻于守，起伏出入，变化无穷。

20世纪三四十年代的北方棋坛，被"三杰""八猛""一名家"所统治。所谓"三杰"，即指华北三杰：大连胡震洲、天津田玉书、锦州赵文宣。"八猛"按顺序排列是：沈阳徐词海，北京全海龙、张德魁、那健庭、唐山杨茂荣、北京候玉山，天津庞蔼庭及北京赵松宽，其中徐词海居"八猛"之首，因其成名较早，棋名亦较高。"八猛"中虽有东北和河北的棋手，但他们此时已在北京"落户"，所以是指聚集在京华棋坛的"八猛"。"一名家"指谢小然，因其独来独往，从不结帮搭伙。

（一）棋人活动的场所

那时北京下象棋的地点比较多，大致可分为三档：一是棋摊，收费多少不拘；二是棋茶社，收费3大枚（1936年饮春园棋茶社重新开张时，茶资已经涨到6大枚）；三是棋社，收费1角2分。按照当时的币制计算，1元钱可换146小枚，2小枚等于1大枚。当时44斤一袋的面粉，售价是1元6角5分。由此可看出棋社收费之昂贵及与棋茶社收费标准之悬殊。由于收费的差别，因此常去人员的身份也就大不相同。

象棋爱好者常去的地方有：

天桥"帽孙"棋摊：因掌柜的姓孙，又常戴一顶帽头而得名。

存记棋摊：也在天桥，因地皮属于"存三"而得名。

聚贤棋茶社：位于宣武门大街路西。

会友轩棋茶社：位于西四牌楼西安市场。

张记茶馆：位于白塔寺，其地皮属于邬喇嘛（邬少源），但由张家经营茶馆。

仁和轩棋茶社：位于隆福寺里路北。

龙凤园棋茶社：位于隆福寺西北角，谢小然先生也曾光顾，并与东城的镇盘子王英楷先生对弈。

金山居：地处花市大街羊市口，虽然其中有玉器买卖，晚间还说书，但下午卖茶，并备有棋子，棋艺爱好者下午可以在此横车跃马，也属于棋茶社一类。

火神庙棋茶社：在磁器口路东，算是个大棋窝子，不但孟文轩在世时常去，而且东城、南城的棋人也多来此聚会。诸如张德魁、赵松宽、油渣李（李靖轩，因往各食品摊上送油渣而得名）、辣油陈（陈绍武，因卖辣油而得名）等，均常为座上客。

泰源棋茶社：位于崇文门外南桥湾。任秀亭、孙登奎（解放初期，曾获北京市甲级棋手称号）、关斌（即名中医关幼波）、李乃绵等均为常客，赵松宽也偶尔来此。

启新棋茶社：位于城南游艺园新世纪对面，因窗玻璃大，又俗称"大玻璃"。其主人叫刘延堂，开茶社卖茶，又备有棋具。这里可算是当时棋界的信息中心，因为东、西、南、北城的棋战情况，均可由此及时得到。谢先生在去东安市场之前，经常到此打探消息。达仁堂药店的厨师傅，著名棋手孙德祥（即孙剑秋）更是常客。

饮春园棋茶社：位于前面西河沿劝业场三楼上。由于在此地曾举行过多次重大比赛，故被誉为"北京象棋发祥地"。河北围棋名手何复生、北京象棋名手那健庭曾在此坐镇。

德昌棋社：位于东安市场内，其主人是赵松宽。

三义轩棋社：也位于东安市场内。德昌棋社关闭后，赵松宽成为三义轩棋社的主人。

二吉子棋社：位于鼓楼南烟袋斜街，实际上属于棋茶社。由于有围棋高手崔云趾坐镇，又多招揽不少棋友，故所得茶资崔云趾与老板二八分成，这也是旧社会棋手为了谋生，不得已的苦衷。谢小然先生与全海龙最后一役即在此进行。

海丰轩棋社：位于宣武门海丰轩饽饽铺内，将小后院的三间房辟为棋社，故借其字号称海丰轩棋社。棋东绰号叫"山字的"❶，解放初其子"小老道"仍在此开业。"海丰轩"内虽偶有象棋爱好者在此对弈，但主要是围棋高手在此聚会。诸如汪云峰、金亚贤、崔云趾等均常来此。据说汪云峰是金亚贤的师傅，汪云峰在年岁大时负于崔云趾。金亚贤为找回面子，与崔云趾在此较量。订好条件是崔云趾执黑先行，如胜才可执白。结果第一局崔云趾执黑胜金亚贤，第二局金亚贤执黑胜崔云趾。此后再弈，则多为彩盘。

在棋社中多以围棋对弈为重点，这是由于棋社收资高，来人多系文人墨客，公子王孙。另外，在棋社内对弈，按规矩只要分出胜负，老板就要提成。围棋和棋少，店东提成的机会多，因此老板欢迎棋手。但三义轩的棋东赵松宽是象棋高手，故对象棋爱好者也热情招待。

此外，将三五知己约到家中着棋，或悬赏助兴者，贪图地方清净，于一般茶社争战者，亦偶然有之。

上面列举的仅是一些有代表性的地方，其实东、南、西、北城各处都有棋窝子。每个棋窝子的前几名都有顺序排列，为首者俗称"镇盘子"，也就是其中水平最高者。如齐化门（朝阳门）外的王振东俗称"镇东方"，其下又有尹强、黄连生等人。当时像王振东这种水平的

---

❶ 本部分内容摘自《京华象棋名局》，该书内容由谢小然口述，陆兴、王国栋整理，部分内容已不可考，即按照原文摘录，编者以为此句应是：棋东名字里带个"山"字。

"镇盘子"，约有四十余个，如肖亮葊、杨少如、孙登奎、钱德祥等。因此，要成为一个真正的高手，就必须要把所有棋窝子镇盘的都问净（即杀败）才行。

对于一般爱好者来说，下棋的主要目的是消遣。但是高手则往往"气"字很重，争强斗胜，再加上好事者如那健庭、申公豹（即王伦昌，因其拴对儿有术，故称之为申公豹）等到处拴对儿，因此各处棋窝子之间、各路棋手之间每天都有"战事"发生，却也热闹异常。但这些棋手都不敢斗孟文轩、张德魁、那健庭、赵松宽等高手，只是相互间的较量。

（二）推动高手对弈的一个原动力——"彩"

解放前以棋谋生是非常艰难的，即使像张德魁这样的名手，为了生活也还卖过对联、做过小买卖。

解放前围棋很不普及。原因有两个：一是棋子昂贵，每副卖到一至二元，相当于一袋白面的价格，广大的劳动人民是买不起的；二是每盘对弈的时间长，一般人搭不起这时间，故其爱好者多为文人墨客、公子王孙。但象棋很普及，高手的基础也过硬。这是因为象棋爱好者当时多被视为"贩夫走卒"。

当时的北方象棋界，以纯消遣为高尚，认为排局（指街头摆棋式的）是糊弄人。故棋手之间，大多没有师徒关系，出于尊重，以"师兄"相称。例如杨长生、曹德纯等都称谢小然先生为师兄。

那时，北方名手之间的对局甚少，而且只有天津的商报和北京的小小日报等有限报刊做些宣传报道，这对棋艺的开展显然不利。对比之下，广州、上海方面的情况，则要好些。

名手间很少对弈，除了棋手的清高、保守之外，更主要的是其有难言之苦。因为少数高手要赖棋谋生，既然已经"闯"出来了，就不能轻易涉险。因为斗就必有胜负之分。胜固心旷神怡，败则后悔不迭，留下话柄，甚至"饭碗"也砸了。因此，讲究"对兵不斗，斗必有所谓"。

那时能够使名手之间对弈的，主要靠"彩"。当然，高手中也有不下彩盘的，但都不以棋谋生，如孟文轩。特别值得一提的是著名棋手孙剑秋，甚至后来落魄，生活非常困难，也不下彩。

彩与赌是有区别的。彩中有赌，但不同于赌。

彩的种类很多。有挂彩、悬奖、堆奖、送彩、奖中有彩等。

挂彩：多发生于两棋手间争强好胜，虽棋力悬殊，但又死不认账，这在高手和低手间时有发生。低手图名，甘心进贡。高手自然心领神会，让和或下几盘让一局，以图经济上有所收益，解决温饱问题。

悬奖：多用于高手之间。某位较有资产的象棋爱好者，愿意看高手间对弈，于是出钱赞助。奖轻时只有高手等米下锅或其他特殊原因方才对弈，否则非重奖不可。

堆奖：实际上是悬奖的一种特殊形式，由多人赞助，因此奖重。胜者多拿或全拿，负者少拿或不拿，因此争夺异常激烈。

送彩：某些达官贵人，为了能力促高手间对弈、一睹风采，不惜出重金，不论胜负皆送。

奖中有彩：高手不但拿悬奖，而且两位高手间还挂彩。挂彩的彩金有的是高手自己拿，也有别人替拿的。

（三）棋有多少种下法

那时要想了解一个棋手的真正水平，不能凭一时之胜负来论定。谢小然先生常说："棋有多少种下法"，棋含义也就在此。棋手要生活，就不能勇往直前，必须顾及社会因素和经济问题。如对一些达官贵人，下棋时往往需要留面子，而对一些图好虚名又有钱或有势的人，往往也要让着。明明能让一先或两先的棋，改下对子棋；明明能胜而让和或反而输掉。这些不正常现象却非常普遍，无非是一方图名，一方图利，从而达到各有所得，皆大"欢喜"之目的。

要准确评价棋手的水平，必须去伪存真，透过现象看本质，不了解棋有多少种下法，是无从分析的。

（四）外地棋手的贡献

20世纪二三十年代，外地棋手如王浩然、徐词海、赵文宣、万启有、彭述圣、胡震洲、田玉书等人相机来访，对北京棋艺水平的提高有着很大的推动作用。在此之前，北京棋坛的开局，基本是中炮一手棋。通过与他们的交流，棋路渐宽，逐渐形成了炮、马、兵、相并重的局面。他们当中又以彭述圣、万启有、徐词海的影响较大，尤其是彭述圣先生，在京居留的时间长，下棋也最多。他从基层（棋摊）杀起，直至入甘肃会馆与名手较艺，贡献尤多。

还有值得一提的是涿县胡兰荪先生和天津钱梦吾先生。胡兰荪先生住北京骡马市粉房琉璃街67号，在北京"小小日报"主编象棋栏目，并邀请万启有先生来北京访问；钱梦吾先生住天津市爱德里3号，先后在"商报"和"华北日报"主编象棋专栏，并于1931年率华北队访问上海。他们二人，对推动华北象棋的发展，也是有一定贡献的。

第二章

象棋名家谢小然

在近代中国象棋史中，名家盛产，他们游走南北，摆擂攻擂，留下诸多名局与故事。然而，在北方棋坛众多名手中，南下征战江南的极少，一方面因为路途遥远、费用高昂，另一方面因江南好手众多，与南下较艺能否取得好成绩的心理因素有关。然而，北方棋坛名家谢小然，以自己扎实的棋艺根底和充分的斗争信心，飘然南下上海，和沪上的诸多名手角逐后，还和华南第一手杨官璘弈赛六局持平，从而赢得了"南杨北谢"的称誉。

（一）为争雄棋坛而练棋

谢小然，河北武清县人，1913年出生。身材伟岸丰硕，脸形圆满和蔼，性格宽厚乐观，但办事严谨。1929年进北平求学，就读于私立民间大学，一年后拿到文凭。续学法律本科，因病及经济窘迫，未完成学业。据说，他曾当过小学教师，因为工作难找，而走上以棋为生的道路。

幼年时，谢小然就喜爱象棋，其水平在乡间就已不俗。到北京后常去天桥"孙记""存记"棋摊下棋。一段时间后，周围关系渐渐熟悉，经人介绍去天桥启新棋社和聚贤棋社下棋。在练棋阶段，谢就存心争雄棋坛，为此，他没有找张德魁、赵松宽、徐词海等弈让子、让先棋(怕今后留下话柄)，而是和二路棋手对弈争胜。由于练棋路子正确，进步又快，一段时间后，分别击败京城的二流棋手，促使他向一流高手挑战。

当时北京一流高手的排名是：张德魁、那健庭、赵松宽。谢小然选择赵松宽为近期挑战目标，并打听到赵松宽在花市火神庙茶社落脚。

一个星期天的早上，谢来到火神庙茶社，因久等未见赵来，就和绰号"油渣李"(大二路棋手)对弈起来，不料竟连负四局。这使谢看到差距，继续打谱和练棋。约半年后，谢恢复了信心，再找赵松宽挑战，言明分先四局，每局彩金五元。不料连输三局，第四局也呈输势，但赵放了一马以和棋收评。又经过一段时间，谢自感棋力已有长进，再次向赵挑战，地点在东安市场德昌棋社，同样每局挂彩五元。第一局谢先，至中局时形势已大好，谢叫了四十个锅贴、一碗辣汤，一口气吃完；而赵松宽由于劣势，要的四个大包子、一碗汤却纹丝未动。第一局赵负。第二局弈至中局时间已近傍晚，轮到谢走，此时赵松宽已十分难堪，因为如谢走马5进6，赵即失子，将以连输两局结束今天的棋事。此时正好那健庭踱步进来，看到棋盘上的形势和赵松宽的窘态，正为赵捏把汗时，不料谢走了一步马五进七去兵，结果成和。这个结局十分意外，散场离去时，那健庭问谢小然何以不马5进6，谢才说出了前些时曾被赵放和一盘的经历。之后，赵松宽看到了谢小然棋艺增长的势头，又感激谢放和一盘而产生友谊，从此他们不再赌彩斗棋。

（二）争雄争出一名家

谢小然胜了赵松宽，标志着练棋阶段结束，以后的目标是向张德魁及那健庭挑战。然而就在此时，他患一场大病，将留作求学的费用耗费殆尽，无法继续学业，不得不走上以棋为生的道路。

当时要想以棋为生，光靠博彩并不持久，原因有二：一是和低手弈棋，必须让足，而且老是在一个地方弈棋，总会有疲塌的感觉；二是和顶手弈棋，不仅时间耗得久，且没有把握。而下表演棋或说棋，需要拔尖的知名度。谢小然要在京城以棋谋生，就必须争到高知名度，才会有人请他讲棋。

怎样向张、那两位棋坛霸主挑战并取得好成绩呢？由于谢和那常在一起，有朋友关系，所以谢避开了和那的对弈，而直接找张德魁挑战。谢、张的首战在东安市场的德昌棋社举行，六局平分秋色，谢未能取胜。六个月后，谢再次在德昌棋社和张对战，前后三场，第一场两局，谢以一和一胜告捷；第二场仍为两局，又以一胜一和得胜；第三场的两局弈成平手，后加赛一局，谢小然又胜。所以第二阶段的谢张之战，以谢胜而结束。这三场棋赛，除去赛后的饭金，给工友的开销，还有十元余，最可贵的是：从此有人请他"说象棋"拿"薪水"了，生活相对安定些。

当谢小然对张德魁挑战取得好战果后，又和京华及东北的其他名手弈战过。一是对那健庭。本来，谢和那不想对弈，但在棋友们的怂恿下，终于摆开战场。形式是每盘悬彩二元，谁输谁买二元一桶的冰激凌请大家吃。那的"赌本"是棋迷朱瑞书和郭瑞青助他去青岛的路费，谢则手头有一些钱。大概是谢小然竞技状态特佳，经过一个星期的比赛，那的路费全部输完，于是青岛去不成了，并且一度伤害了二人友谊。在谢、那对弈中，有一些精彩对局。

谢小然成名后，曾和东北名手赵文宣对弈过三局，皆和。和另一东北名手胡震洲对弈共两次，第一次由赵德宣助彩，谢稍占上风，第二次事隔一年多，恰成平手，这两战使双方都感到对手功力深厚，技艺精湛。谢在对天津田玉书的多局对弈中，小胜一局。在和沈阳徐词海、唐山杨茂荣及后来成长的北京棋手全海龙对弈中，总的也是多胜少负，略略占优。所以，在十多年时间中，谢小然的棋名已稍超张德魁、那健庭。

（三）飘然南下上海滩

一般来说，名手的棋艺水平是相对稳定的，但也偶有不稳定之时，这往往和一时的遭遇、疾病、经济状况及至年龄有关。这就是所谓的竞技状况。在谢小然的棋艺生涯中，20世纪50年代初期的对张德魁之战，对他南下产生了影响。

1952年，同为京华棋坛一流高手的谢、张再次悬彩作公开赛。不料谢竟连负两局。因家事不顺加上身体不适，故有此惨败，这使谢一下子在北京难以安生，于是，萌发了去上海闯荡的想法。

1952年8月上旬，谢小然飘然南下，在上海以下表演棋为生。这是一种很严酷的生活，弈胜了对手，知名度会越高，请表演的会越多；如果弈败，情况就相反。作为北方的名棋手，谢小然有充分的信心。由于经济不佳，谢在上海火车站下车时还剩四角钱，住旅馆都不够，只好借居在一家成衣铺的柜台宿夜，这就是当时职业棋人的生活！由于睡眠和休息不好，首战上海何顺安失利。这个情况让棋人冯锦诸知道后，主动请谢至自己家，让他好好休息。谢小然的第二场表演是对弈刚到上海访问的华南第一高手杨官璘。由沪青棋社屠景明主持赛务，在八仙桥青年会大礼堂对弈，谢以一胜一负二和打平。杨曾经打遍上海"无敌手"，于是谢的声名大振。接着谢又和当时的华东第一手董文渊弈战，时间为九月中旬，比赛共三局，谢以一胜一负一和结束。于是，谢的名声进一步得到巩固，自此有了"南杨北谢"之说。

此次上海征战，不仅得了名，还得了利。因为上海的表演赛每场有12元的对局费，而且谢对董的表演赛，采取每张门票提取一角的办法，收入可观，大大改善了经济处境。

谢小然还和华东名手屠景明对弈一局成和，和"华东三虎"之一朱剑秋对弈一局胜，和"象棋总司令"谢侠逊对弈一局明和实胜，战绩大佳。谢访沪回京后，有些战绩也值得一记：1953年夏，华南名棋手陈松顺单骑入京师弈游，连胜侯玉山、张德魁之后，和谢小然对弈一局，以和棋结束。1959年6月6日，和全国亚军王嘉良弈了一局表演棋，谢妙用"玉屠金鼎"，从帅后面绕一马而获胜。

（四）息隐棋战坚守棋坛

1952年谢自沪返京后，经济有些积余，但坐吃山空不是办法，经过棋友佟醒华促成，谢开办了一家"天然轩棋社"（佟是房东，言明房租有钱就给，没钱就欠着，他来下棋也交费。谢老所欠房租直到去先农坛上班后才还清，谢老一直感念此人给予的帮助）。这是新中国成立后第一家有营业执照的棋茶馆，一方面为弈棋人提供了场所，为北京的象棋繁荣做了工作，另方面谢通过收取茶棋具费来维持生活。开业后，吸引了许多棋艺爱好者，名手全海龙、杨茂荣等也常来"天然轩"摆棋。来北京的山西贾题韬、哈尔滨王嘉良也都慕名到此，连香港名手曾益谦、黎子健也借国庆来京观光之机，两次到"天然轩"拜访谢小然。这个棋社直到1958年谢小然正式参加工作——去先农坛体育场任职才告结束。

正式参加工作后的谢小然，以棋艺教练的身份，全心全意培养青少年棋手。他十分注意从学生中选好苗子，在开局和中局两个方面重点施教。在教学中，除了讲解棋艺外，更十分关心少年棋手思想成长和生活照顾。如有次谢带学员出去搞活动，后领往家中吃便饭，到家后忽然想起其中有一回民学生，连忙到街上买了份回民饭菜；当学员离去时，还亲自送他们上汽车。

在谢小然的关心和培养下，一批新手茁壮成长起来，如刘文哲、傅光明、陆兴、王国栋、方士庆等，成了专业棋手或专门棋艺人才。谢小然还连续担任九届全国比赛的裁判和裁判长，他执法公正、严明。还担任北京棋院的副院长，北京政协第四届至第六届的委员。另出版过《象棋精编》等书。为棋艺事业作出了巨大的贡献。

谢小然先生患有高血压，随着年岁的增长，病况有所发展。于1985年逝世，终年72岁。

第三章

谢小然与东北虎王嘉良

王嘉良老师1932年出生于山东黄县，三获全国象棋个人赛亚军。他勇猛凶悍、大刀阔斧的棋风，被誉为北派棋艺的杰出代表，1984年获得中国象棋特级大师称号，并被国务院授予体育运动荣誉勋章。他曾任黑龙江棋院副院长兼象棋队主教练、中国象棋协会技术委员会副主任，《北方棋艺》主编，著书立说，影响甚远，在我国象棋史上占有重要地位。

1958年11月24日，广州羊城晚报载文说："王嘉良是哈尔滨棋手，曾连获1956年和1957年两届中国象棋亚军。他擅用当头炮进兵局。这个局可演变成过宫炮，既稳又恶，能稳持先手。据说，他的开局是北京名棋手谢小然传授的。1956年全国比赛时，他就曾用这个开局杀败过杨官璘和刘亿慈。因此这个开局又有王'王嘉良局'之称。王着法锋利，擅长攻杀，攻势凌厉，一往无前，大有当年黄松轩作风。王嘉良今年才26岁，是一位很有希望的年轻棋手。"

上文刊出后，一日谢小然与王嘉良在广州二沙头相遇。谢对王谈到此事时解释说，自己未向记者谈过，也没说过这个开局。王嘉良回答说："您没说过这个，说过别的不也是一样吗？"由此，谢小然先生对王嘉良极为推崇，认为王嘉良能触类旁通，对棋的悟性极高，确是象棋界一难得人才。

从上述材料可以看出，谢小然和王嘉良的关系不同一般，那么谢、王的关系又从何谈起呢？原来北京刚解放时，王嘉良曾手持赵文宣的介绍信，在张德魁的陪同下，找谢先生下棋。谢、王初战于王振东的棋茶社，王嘉良执先对弈四局，三和一负。其时，王嘉良已在天津市卖票表演，棋艺水平也相当不错，唯实战经验不足、火候欠缺而已。此后，谢小然先生曾给王嘉良说过棋，恐怕这就是羊城晚报上那段文字之由来。

1959年时，谢小然先生早已息影棋坛。6月6日兴之所至，与王嘉良在北京先农坛举行了一场表演赛，谢小然猜得先行，稳扎稳打，兑去双车后，凭借深厚的中残局功力取得胜利。

下图是双方实战弈至第81回合时的局面，取胜方法是红马一路回撤，从帅下面盘旋而出，绕至黑方左翼形成将杀，即为前面提到过的"玉屠金鼎"。

我们以此局作为开篇，开始进入残局的学习。学棋先学品，两位前辈给我们树立了很好的榜样。

王嘉良

黑方

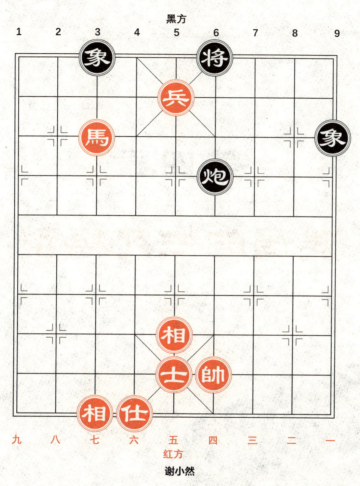

红方

谢小然

第四章

残局的生死棋型

一盘棋我们把它分为三个阶段：开局、中局、残局。我们的入门学习是从残局开始的，残局是基础的基础，其特点是子力较少，可动子的选择性不大，走子有时还带有强迫性。只有掌握了残局的胜、和规律，才能在中局向残局转化时，有计划、有目的地把棋局引向于己方有利的局面。初学者下棋，一般没什么计划和整体战略，大多还停留在熟悉棋子走法的状态中，上来开始就学习布局，很难贯彻始终，也不易理解。相对来讲残局比较容易掌握，也会更感兴趣。

第一节

兵卒类

兵有高兵、低兵、底兵之分。尚未冲到对方宫顶线的兵称高兵，已下到对方宫顶线或下二路的兵称低兵；冲至底线的兵则为底兵。在残局中，兵的位置相当重要。一般来说，高兵优于低兵，低兵又比底兵强。高兵可以左右调动，伺机冲下；低兵只能在一侧运动，控制对方棋子的能力减弱；底兵则只能在底线活动，作用甚微。

（一）单兵对光将

第1局单兵擒王（图1-1），红先行。

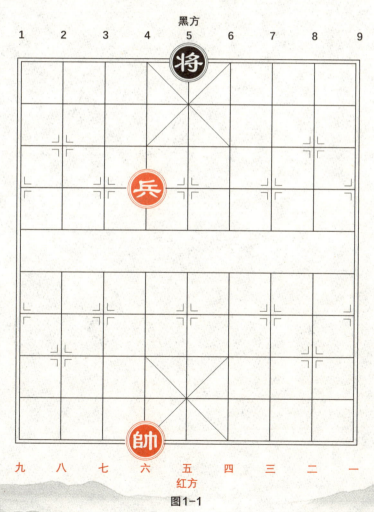

图1-1

1. 兵六进一　将 5 进 1
2. 帅六进一　将 5 退 1
3. 兵六进一　将 5 平 6
4. 兵六平五（红胜）

小结：一方只有一兵（卒），对另一方的光将（帅），只要这个兵（卒）没有走到底线，变成老兵，就是必胜残棋。取胜要点：兵（卒）控将，帅走闲着，"困毙"胜。

第2局 底兵不胜光将（图1-2），红先行。

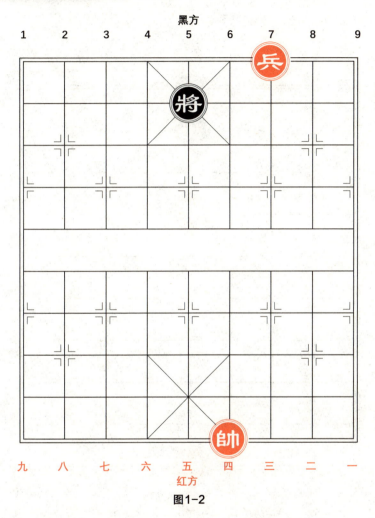

图1-2

1. 兵三平四　将5进1　　2. 帅四进一　将5退1
3. 帅四进一　将5进1　　4. 兵四平五　将5退1（和棋）

小结：底兵无法控制将在的二、三线活动空间，和棋。

（二）单兵对单士

第 3 局单兵例和单士（图 1-3），红先行。

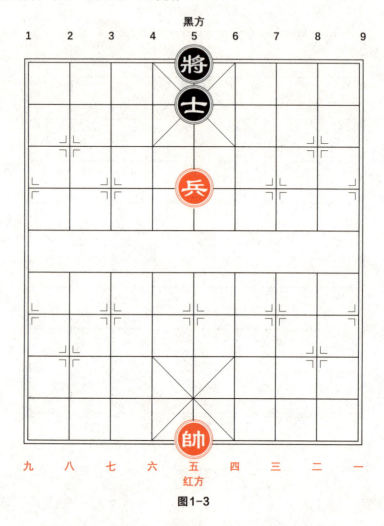

图 1-3

1. 兵五进一　士5退6

2. 帅五平六　……

如改走帅五进一，黑将5平4，和棋。

2. ……　　　士6进5

3. 帅六进一　士5退4

士随帅落，如误走士5退6，则会形成单兵巧胜单士：红方兵五平四，士6进5，兵四进一，士5进6，帅六进一，士6退5，帅六平五，红得士胜。

4. 兵五平四　将5平6

黑如走将5进1，红帅六进一，将5退1，兵四进一，士4进5，帅六平五，红得士胜。

5. 帅六平五　士4进5

6. 兵四平五　士5退4

7. 兵五平六　士4进5

8. 兵六进一　士5进4（和棋）

小结：一般情况下单兵难胜单士。守和要领：士随帅落，平帅进兵。将、士配合守住宫心，不能形成"左兵右帅"，方可守和。

第4局 单兵巧胜单士（图1-4），红先行。

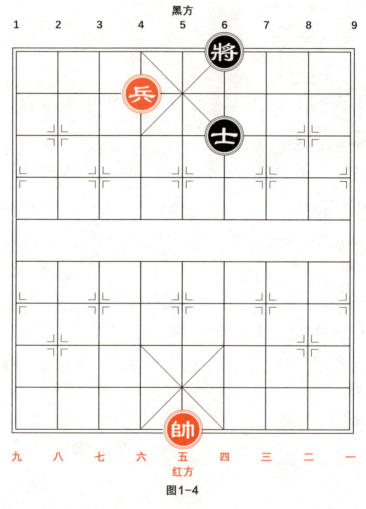

图1-4

1. 帅五平四　将6平5　　2. 帅四进一　士6退5
3. 帅四平五（红胜）

第5局 单兵相巧胜单士（图1-5），红先行。

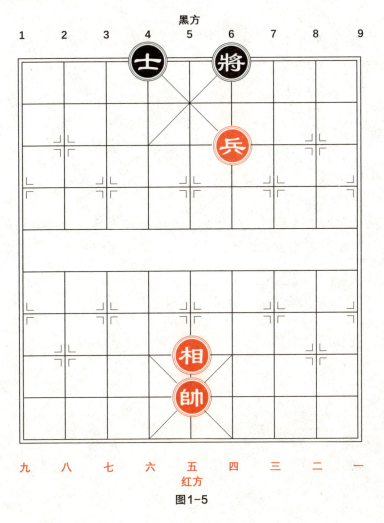

图1-5

1. 帅五平四　将 6 平 5
2. 兵四进一　士 4 进 5
3. 帅四平五　士 5 进 6
4. 帅五平六　士 6 退 5
5. 相五进三　士 5 进 4
6. 帅六退一　……

运用等着。

6. ……　　　将 5 平 4

如士 4 退 5，红**帅六平五**，红胜。

7. 兵四平五（红胜）

小结：红相起到了遮挡将脸的作用，最终形成右兵左帅的必胜局势。如此图换成黑先行，黑方士 4 进 5，立和。

第6局 单兵仕例和单士（图1-6），红先行。

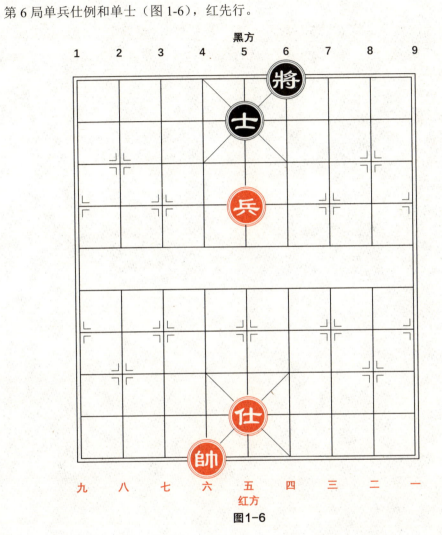

图1-6

1. **兵五进一**　士 5 退 4

落士正确，如误走将 6 平 5，**帅六平五**，士 5 退 4，**兵五平四**，士 4 进 5，**兵四进一**，士 5 进 6，**帅五平六**，士 6 退 5，**仕五进四**，士 5 进 4，**帅六进一**，红胜。

2. **帅六平五**　将 6 进 1
3. **仕五退四**　将 6 退 1
4. **兵五平四**　士 4 进 5
5. **兵四平五**　士 5 退 4
6. **帅五平六**　将 6 进 1（和棋）

（三）单兵对双士

我们前面学习了单士守和单兵的技巧，一般情况下，单兵难胜双士。但将、士的位置不正时，单兵方也会出现巧胜的机会。

第 7 局双士例和单兵（图 1-7），红先行。

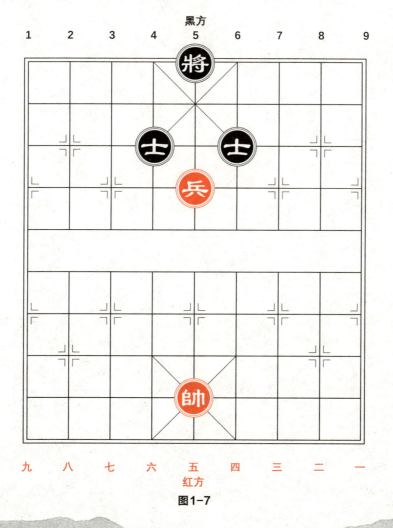

图 1-7

1. 兵五进一　士4退5

如改走将5平6，则帅五平四，将6平5，兵五平六，士6退5，兵六进一，士5退6，帅四退一，士6进5，帅四平五，红胜。

2. 兵五平四　将5平4
3. 兵四进一　士5进6
4. 帅五退一　将4进1（和棋）

第8局 单兵巧胜双士（图1-8），红先行。

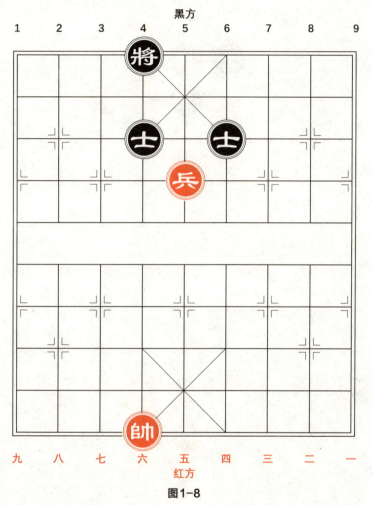

图1-8

1. 兵五进一　将4平5　　　2. 兵五平四　将5进1
如改走士4退5则兵四进一，士5进6，帅六进一，士6退5，帅六平五，红胜。
3. 帅六进一　将5退1　　　4. 兵四进一　将5平4
5. 兵四平五（红胜）

第 9 局单兵困毙胜双士（图 1-9），红先行。

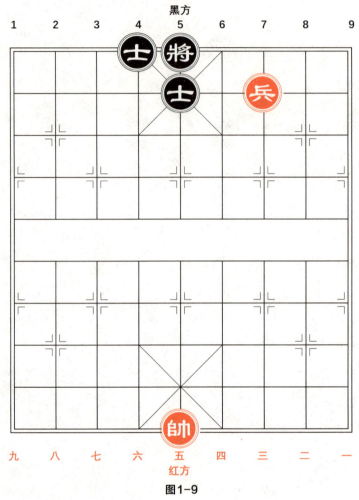

图 1-9

兵三进一！或兵三平四！（红胜）

第 10 局车兵巧胜车双士（图 1-10），红先行。

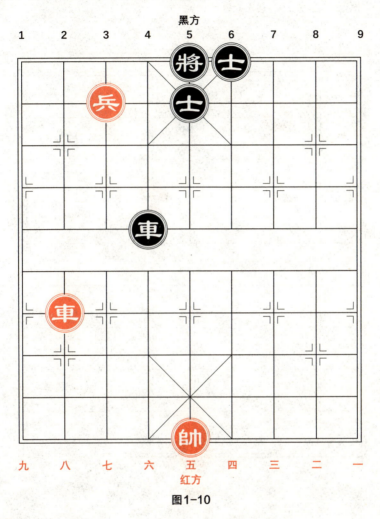

图 1-10

1. 车八进六　车 4 退 4　　2. 车八平七　车 4 平 3
3. 兵七进一（红胜）

小结：图 1-9 棋局看起来很简单，但是只有学好基础的基础，才能在实战中学以致用。图 1-10 的棋例就是个很好的说明。

（四）双兵对双象

第 11 局双兵例胜双象（图 1-11），红先行。

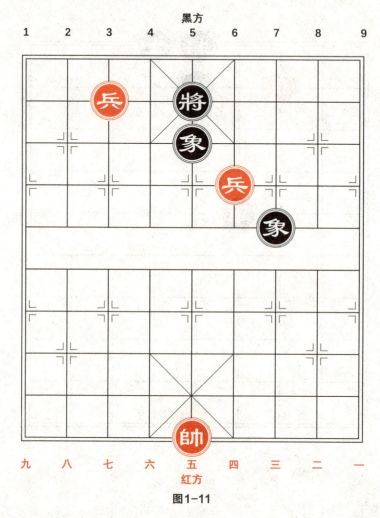

图 1-11

1. 兵四进一　将 5 退 1　　2. 兵七平六　将 5 平 6
3. 兵六平五　象 5 退 7　　4. 兵四进一（红胜）

第12局双低兵例和双象（图1-12），红先行。

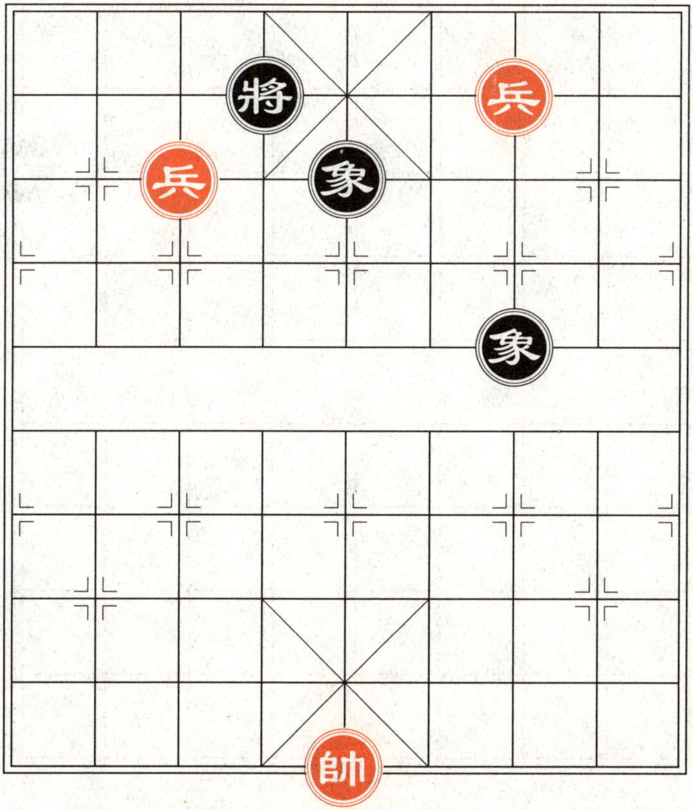

图1-12

1. 兵三平四　象7退9　　2. 帅五进一　象9进7
3. 兵七进一　将4进1（和棋）

第 13 局 双低兵巧胜双象（图 1-13），红先行。

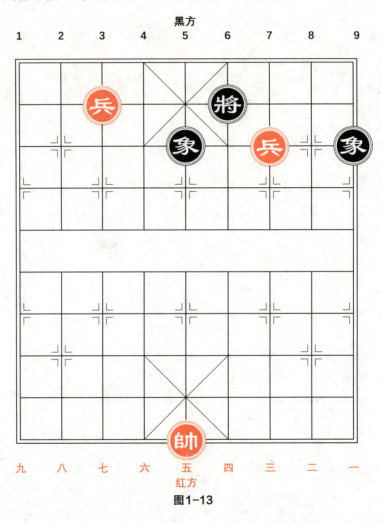

图 1-13

1. **兵七平六** 象9退7
2. **兵三平二** 象7进9
3. **兵二平一** 将6进1
4. **兵六平五** 象5进7
5. **兵一平二**（红胜）

从上面三个棋例可以看出：高低兵必胜双象，双低兵则要看双象的位置，只有巧胜。这类残棋，将在底线必输。

取胜步骤：

1. 先用低兵借助帅力逼近九宫。
2. 高兵逼将离开中路、帅占中。
3. 高兵从低兵的另一侧借帅力下冲九宫成杀。

（五）双兵对双士

第14局高低兵必胜双士（图1-14），红先行。

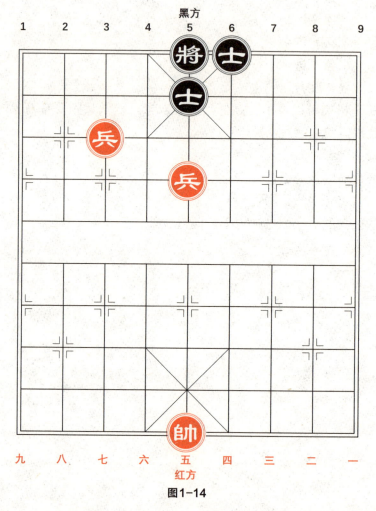

图1-14

1. 兵七进一　将5平4　　2. 兵五进一　将4平5
3. 兵五进一　士6进5　　4. 兵七平六　将5平6
5. 兵六平五（红胜）

小结：双兵侵入九宫，一兵换双士，单兵擒王胜。

第 15 局高底兵巧胜双士（图 1-15），红先行。

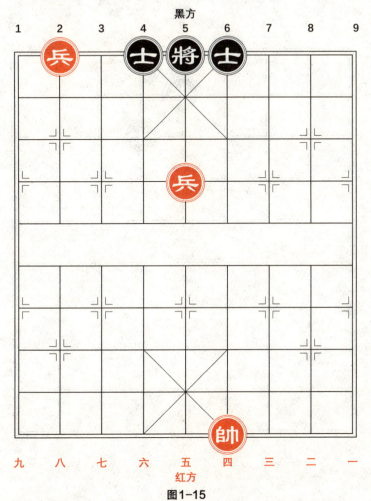

图 1-15

1. 兵五进一　士 4 进 5　　2. 兵八平七　士 5 退 4
3. 兵五平六　士 6 进 5　　4. 兵六进一　士 5 进 6
5. 兵七平六　将 5 平 6　　6. 后兵平五（红胜）

第16局 双士例和高低兵（图1-16），红先行。

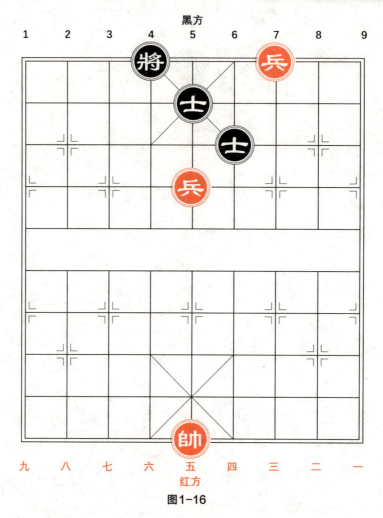

图1-16

1. 兵五进一　将4进1　　2. 兵三平四　士5退6
3. 兵五平四　将4进1　　4. 兵四平五　……
如改走兵四进一则将4退1，兵四进一，将4进1，和棋。
4. ……　　　将4退1　　5. 帅五进一　将4退1
6. 兵五平六　士6进5　　7. 兵六平五　士5退6（和棋）

第17局双士例和双低兵（图1-17），红先行。

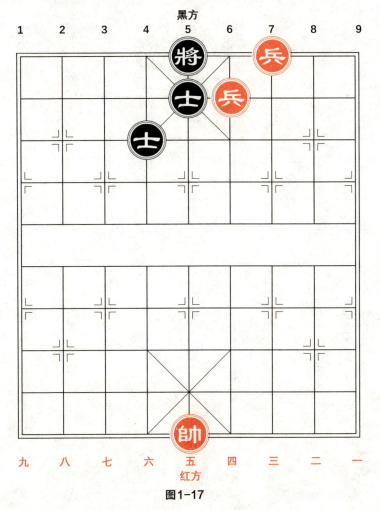

图1-17

1. 帅五平六　士5进6

黑方如改走退士，则兵三平四，红胜。又如改走将5平4，则兵四平五，红胜。

2. 兵三平四　将5平4　　　3. 帅六进一　将4进1
4. 前兵平五　士6退5　　　5. 帅六退一　士5进6
6. 兵五平四　士6退5（和棋）

第18局 双低兵巧胜双士（图1-18），红先行。

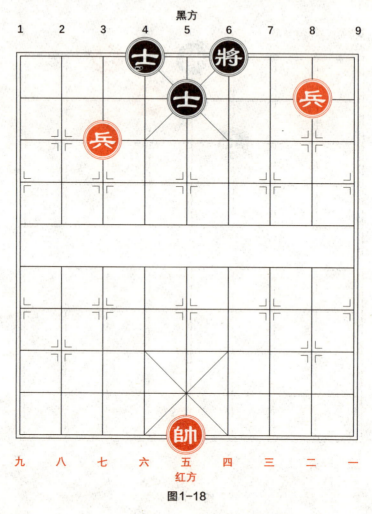

图1-18

1. 兵二平三　士5进6　　2. 兵七平六　士6退5
3. 兵六平五　将6平5　　4. 兵五进一　士4进5
5. 兵三平四（红胜）

小结：一高兵一低兵对双士是必胜残局，双兵方要把握好冲兵的时机，以一兵换双士取胜。防守方要形成肋道的高将，可和。

（六）双兵对缺士、象

第 19 局单士象例和高低兵（图 1-19），红先行。

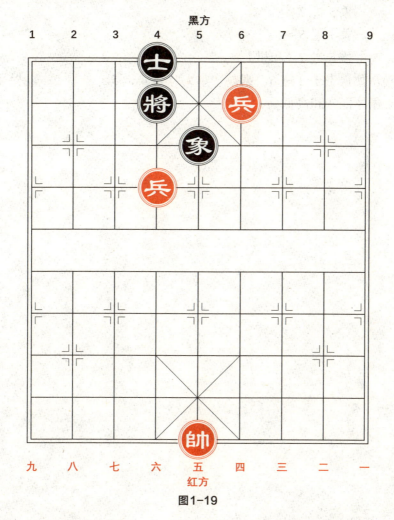

图 1-19

1. 帅五平六　士4进5
2. 帅六平五　士5退4
3. 兵六平七　象5进7
4. 兵七进一　象7退5
5. 帅五进一　象5进7（和棋）

飞象正确，如误走士4进5，则兵四平五！将4平5，兵七平六，捉死象胜。唯有此图形单士象才能守和高低兵。

第20局 高低兵例胜单缺士（图1-20），红先行。

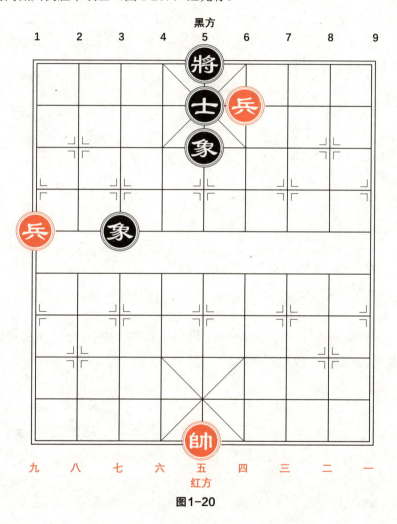

图1-20

1. 兵九进一　士 5 退 6
2. 帅五平六　……

官着。如改走兵九平八，将 5 平 4！兵八平七，将 4 进 1，兵七平六，士 6 进 5，帅五平六，象 3 退 1，和棋。

2. ……　　　象 5 进 7
3. 兵九平八　士 6 进 5
4. 帅六平五　象 7 退 5
5. 兵八平七　士 5 退 6
6. 帅五平六　士 6 进 5
7. 兵七进一　象 5 进 7
8. 帅六平五　象 7 退 5
9. 兵七进一　象 3 退 1
10. 兵七平六　士 5 进 6
11. 帅五平六　象 1 进 3
12. 兵六进一（红胜）

小结：高低兵对单缺士，只要肋兵控住原位将，帅适时控住肋道，黑将不能走成肋道高将，这个棋就是必胜。

第21局 高低兵巧胜单缺象（图1-21），红先行。

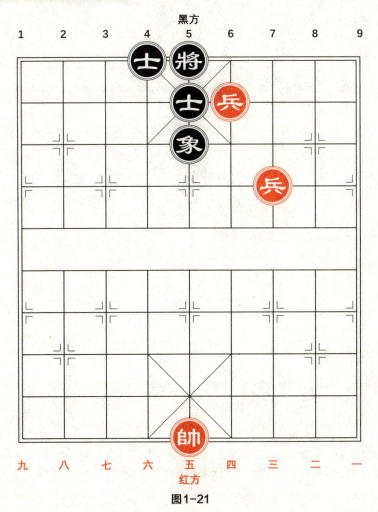

图1-21

1. 兵三进一　象5进7

黑方如改走动士，红方兵三平四，靠死黑象胜。

2. 兵三进一　象7退9　　　3. 帅五进一　象9进7
4. 兵三进一　象7退5　　　5. 帅五退一（红胜）

（七）三兵对士象全

第 22 局三高兵必胜士象全（图 1-22），红先行。

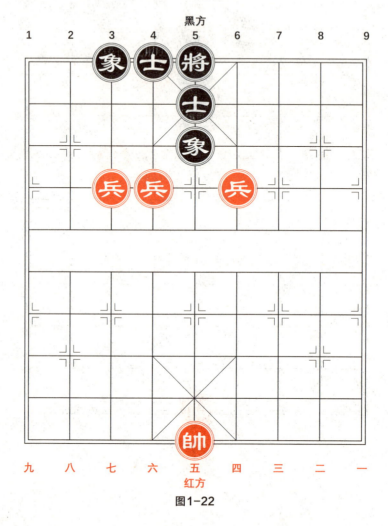

图 1-22

1. 兵七进一　　象 3 进 1　　　2. 兵七进一　　士 5 退 6
3. 兵七平六　　……

赢棋要点第一步，先下一个兵占住肋道。

3. ……　　　　士 6 进 5　　　4. 兵四平三　　将 5 平 6
5. 兵三进一　　……

赢棋第二步，继续保持一个控住羊角士的高兵不动，第二个兵从肋道兵的另一侧下到三线控羊角士的位置。

5. ……　　　　将 6 进 1　　　6. 后兵平五　　象 5 进 7
7. 兵五平四　　象 1 进 3　　　8. 帅五平四　　……

赢棋第三步，出帅助攻。

8. ……　　　　将 6 退 1　　　9. 兵四进一　　……

第四步，兵借帅力立着冲下去。

9. ……　　　　将 6 平 5　　　10. 兵四进一　　象 3 退 5
11. 兵三进一　　象 7 退 9

第五步红三线兵完成任务，下冲助攻。黑方退象防止红方兵三进一杀。

12. 兵四平五　　士 4 进 5

第六步，时机成熟，平兵破士。

13. 兵三平四　　士 5 进 6　　　14. 帅四平五　　象 9 进 7
15. 帅五平六（红胜）

第23局 三兵例和士象全（图1-23），红先行。

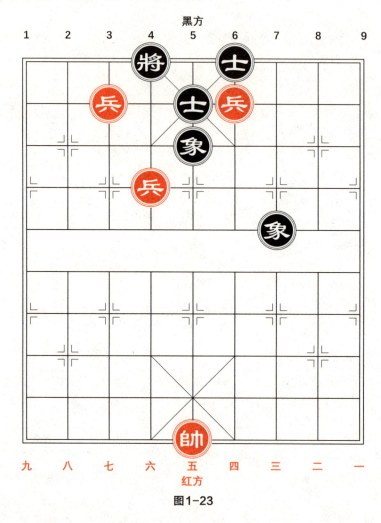

图1-23

1. **兵六平五**　象 5 进 3
2. **兵五平四**　象 3 退 5
3. **后兵平三**　象 7 退 9
4. **兵三进一**　象 9 进 7
5. **兵三进一**　象 7 退 9
6. **兵四平五**　士 6 进 5
7. **兵三平四**　士 5 进 6（和棋）

三高兵对士象全是必胜残棋，只要按照第 22 局例的赢棋步骤，可轻松取胜。切忌兵冲得过快，一旦形成 23 局例，棋就和了。

第二节

马 类

（一）单马擒王

第 1 局（图 2-1），红先行。

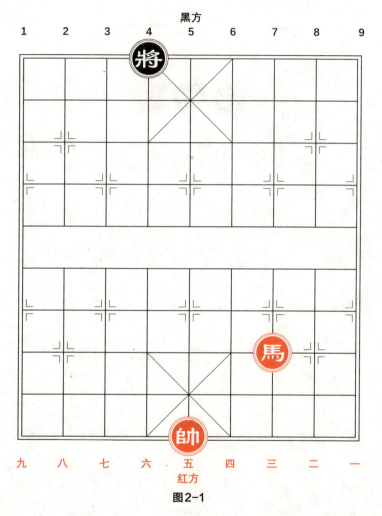

图 2-1

1. 马三进四　将 4 进 1　　2. 马四进三　将 4 退 1
3. 马三进四　将 4 进 1　　4. 帅五进一（红胜）

这个残棋很简单，只要记住帅占中、马控将、帅走闲着，困毙胜就可以了。

(二)马擒单士

第 2 局(图 2-2),红先行。

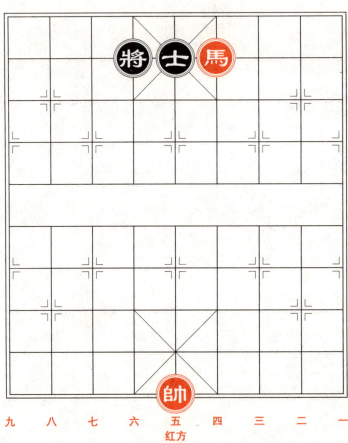

图 2-2

1. 马四退五　将4进1

如黑方改走将4退1，则马五进七，将4平5，马七进五，红得士。

2. 马五进三　士5进6
3. 马三退四　士6退5
4. 马四进六　……

赢棋第一步，"将头马"。

4. ……　士5退4
5. 马六进八　……

赢棋第二步，"炮花定将"。

5. ……　士4进5
6. 马八进七　……

取胜第三步，"象位"将军吃士。

6. ……　将4退1
7. 马七退五（红得士胜）

红方想取胜就要先吃掉黑士，然后形成单马困将。红马吃士的步伐如果按照坐标来说，就是5346875，很像一组电话号码。

第3局（图2-3），红先行。

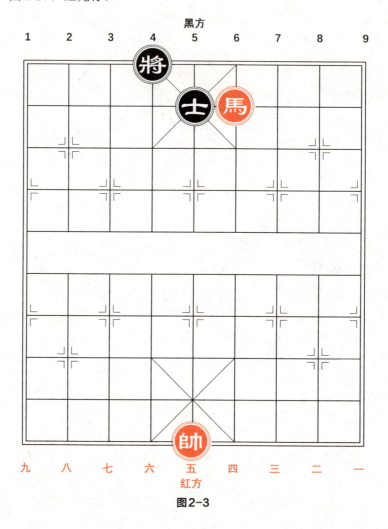

图2-3

1. 马四退五　士5进6
2. 马五进七　将4进1
3. 帅五进一　将4进1
4. 马七退八　士6退5
5. 马八进六　士5退6
6. 马六进八　士6进5
7. 马八进七（红得士胜）

七步擒士是赢棋定式，请大家记住赢棋要点："将头马""炮花定将""象位"将军吃士。

（三）单马对单象

第4局 马擒单象（图2-4），红先行。

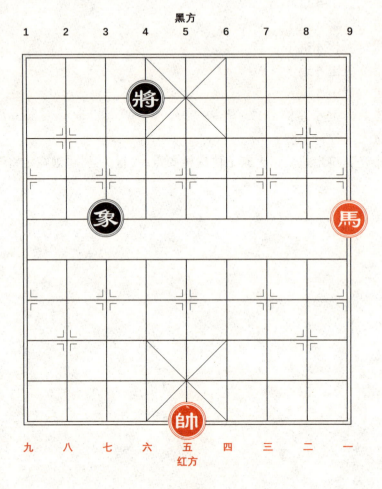

图2-4

1. 马一进三　将4退1
2. 帅五进一　将4进1
3. 马三进二　将4退1
4. 马二进四　象3退1
5. 马四退三　象1进3
6. 马三退四　将4进1
7. 马四退六　将4退1
8. 马六进七（红胜）

将、象同在一侧，红马控黑中象位的情况下，必丢象。

第 5 局（图 2-5），红先行。

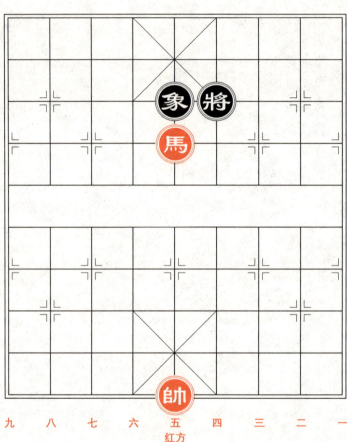

图 2-5

1. 马五进七　象 5 退 3　　2. 马七进六　象 3 进 1
3. 马六退八　象 1 进 3

黑方如改走将 6 退 1，则马八退六，将 6 进 1，帅五进一，红方得象胜。

4. 马八退六　象 3 退 5　　5. 马六退五　将 6 退 1
6. 马五进三　将 6 平 5　　7. 马三进五（红胜）

第 6 局 单象例和单马（图 2-6），红先行。

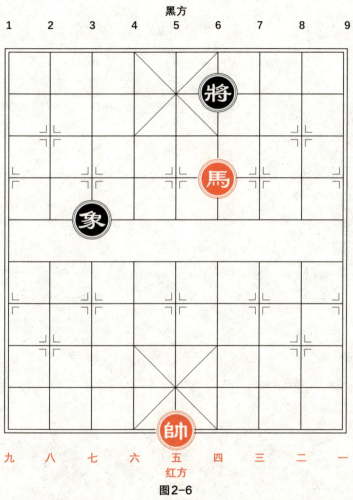

图 2-6

1. 马四进六　象3退5
2. 帅五进一　将6退1

正确，如改走将6进1，则马六退五，将6退1，马五进三，红得象胜。

3. 马六进八　象5进3
4. 马八进六　象3退1
5. 帅五退一　象1进3
6. 马六退八　将6进1
7. 马八退六　象3退5
8. 帅五进一　将6退1（和棋）

单象守和单马要点：
1. 将、象不在一侧。
2. 切忌将上三楼。

（四）单马对单卒

第7局（图2-7），红先行。

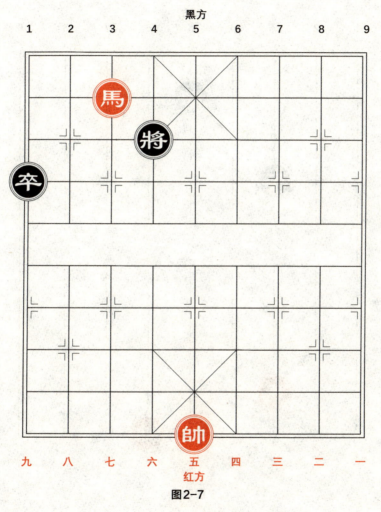

图2-7

1. 马七进九　卒1进1　　2. 马九退八　卒1进1
3. 马八退七　将4退1　　4. 马七退九（红胜）

第 8 局（图 2-8），红先行。

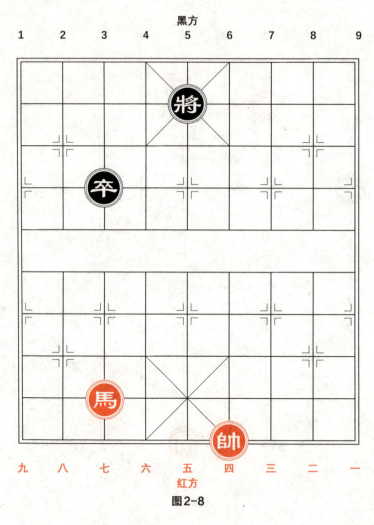

图 2-8

1. 马七进八　将 5 退 1

如改走将 5 进 1，则马八进九，卒 3 进 1，帅四进一，将 5 平 4，帅四平五，将 4 退 1，马九进八，红方吃卒胜。

2. 马八进九　卒 3 进 1

3. 帅四进一　将 5 进 1

如改走将 5 平 4，帅四平五，吃卒胜。

4. 马九进八　卒 3 进 1

5. 马八退六　将 5 退 1

6. 马六退七（红吃卒胜）

第9局（图2-9），红先行。

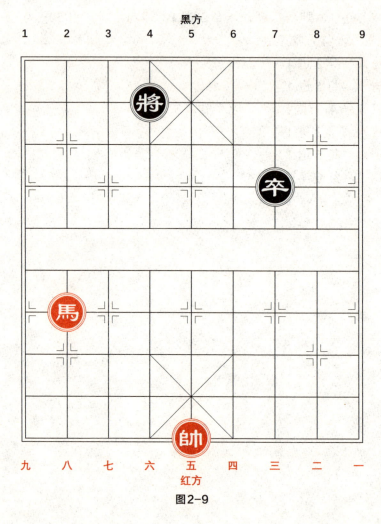

图2-9

1. 马八进九　卒 7 进 1

如改走将 4 进 1，则马九进七，卒 7 进 1，帅五平四，卒 7 进 1，马七退五，将 4 退 1，马五退三，红胜。

2. 马九进七　将 4 退 1
3. 马七退五　将 4 平 5
4. 帅五平六　将 5 进 1

如改走将 5 平 6，则帅六进一，将 6 进 1，马五进六，将 6 退 1，马六退四，将 6 平 5，帅六退一，将 5 平 6，帅六平五，将 6 进 1，马四进二，将 6 退 1，马二退三，红胜。

5. 帅六进一　将 5 进 1
6. 马五进三　将 5 退 1
7. 马三退一　将 5 退 1
8. 帅六退一　将 5 平 6

如改走将 5 进 1，则马一进二，卒 7 进 1，马二退四，将 5 退 1，马四退三，红胜。

9. 帅六平五　将 6 进 1
10. 马一进二　将 6 退 1
11. 马二退三（红胜）

第 10 局（图 2-10），红先行。

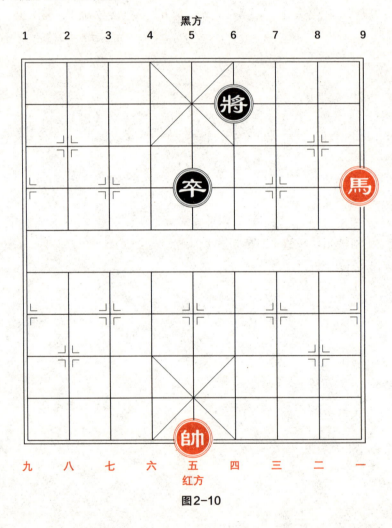

图 2-10

1. 马一退三　卒5进1
2. 马三进二　将6平5
3. 帅五平六　将5进1

如将5退1，马二退四，将5平6，帅六平五，将6平5，马四进六，将5进1，马六退五，得卒胜。

4. 马二退四　将5平6
5. 帅六平五　将6平5
6. 马四退三　卒5进1
7. 马三进四　卒5进1
8. 马四退六　将5退1
9. 马六退五（红胜）

小结：单马对单卒，卒过河远离自己的将，不被捉双立和。未过河的卒如果被马及时赶到，控卒的同时又控了将，卒必丢。

（五）单马巧胜双士

第 11 局（图 2-11），红先行。

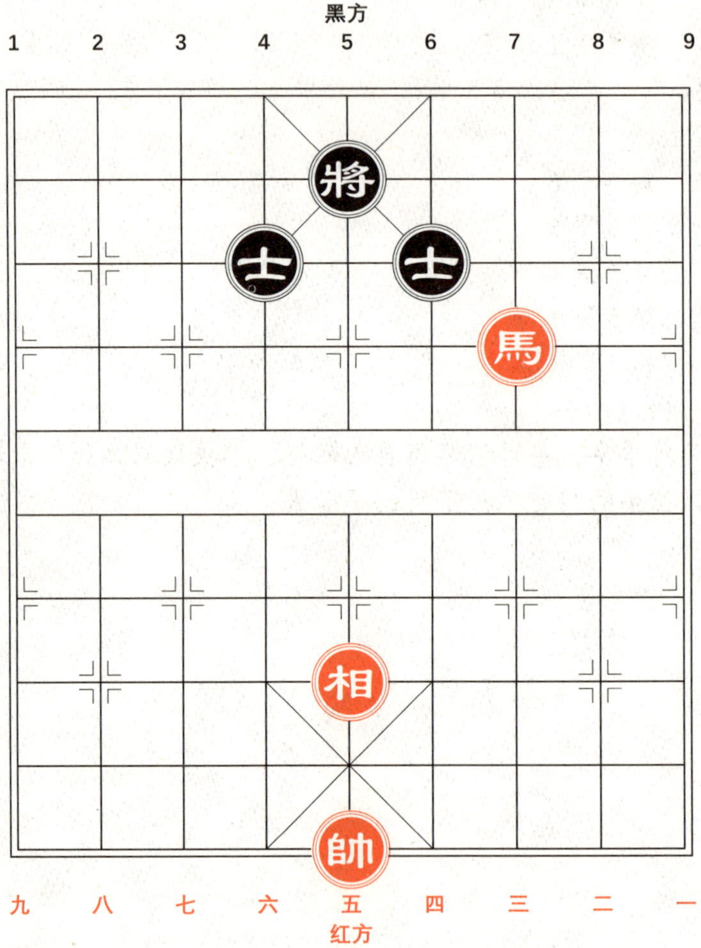

图 2-11

1. 马三退五　将5进1
2. 帅五平四　士4退5

如士6退5，马五进三，红胜。

3. 帅四进一　士5退4
4. 马五进四（得士胜）

单马对双士只有两种赢法：1. 卧槽不出门。2. 白吃士。所以防守方只要早早支起羊角士，将不上三楼立和。

(六)单马例和炮双士

第12局(图2-12),红先行。

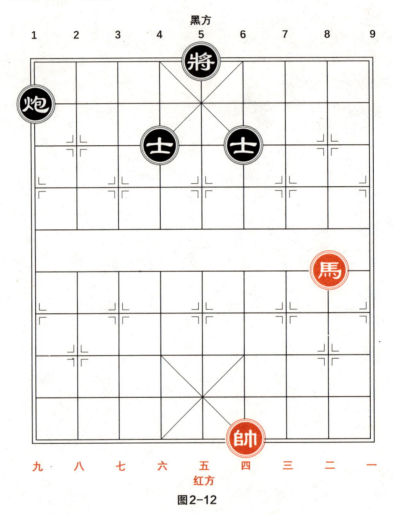

图2-12

1. 马二进三　炮 1 平 7
2. 帅四进一　炮 7 退 1
3. 马三进二　炮 7 进 1
4. 马二退三　将 5 进 1
5. 帅四退一（和棋）

请大家记住这个图形，用马跟炮，帅走闲着，正和。

第三节

炮 类

第1局 炮单仕必胜单士（图3-1），红先行。

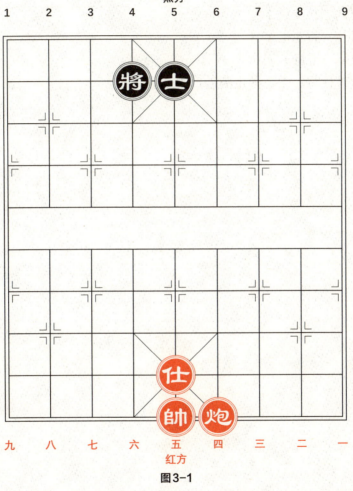

图3-1

1. 仕五进六　士5进4
2. 炮四进一　将4退1
3. 炮四平六　将4进1
4. 帅五进一　将4退1
5. 炮六进六（红胜）

用炮仕拴链住将、士，帅走闲着，得士胜。

第 2 局炮单仕必胜双士（图 3-2），红先行。

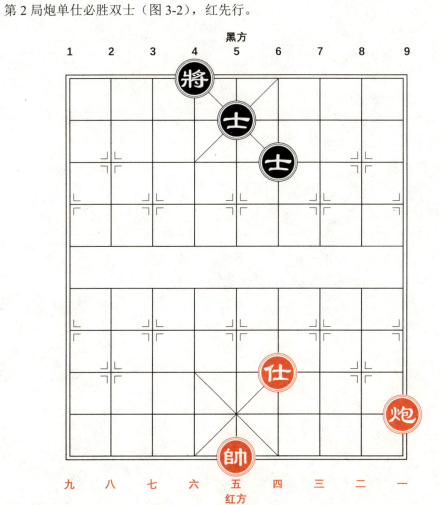

图 3-2

1. 仕四退五　将4平5
2. 仕五进六　将5平6
3. 炮一平六　将6平5
4. 炮六平四　将5平4
5. 炮四平五　士5进4
6. 炮五平六　士6退5
7. 炮六退一 *

*：至此黑如将4进1，仕六退五，闷宫。又如将4平5则红炮六进七得士胜。

炮有仕必胜双士，取胜要点：

1. 帅占中。
2. 红仕要置于对方无士的一侧。
3. 炮坐中当停着迫使黑将走向它无士的一方。
4. 炮牵制将、士，造成对方或闷宫或丢士的局面。

第 3 局炮单仕必胜单象（图 3-3），红先行。

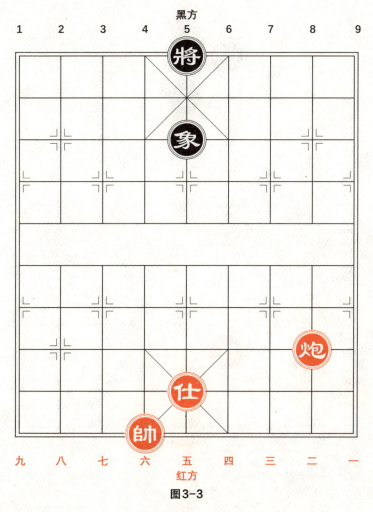

图 3-3

1. 炮二退二　象 5 进 3　　2. 炮二平五　将 5 平 6
3. 帅六进一　将 6 进 1　　4. 帅六进一　将 6 退 1
5. 帅六平五　象 3 退 5　　6. 仕五进四（红胜）

这是一个必胜残棋，只要记住帅升顶、占中，黑方孤象必丢。

第 4 局炮单仕相巧胜单士象（图 3-4），红先行。

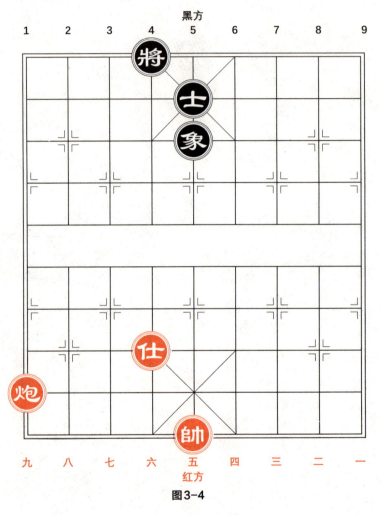

图 3-4

1. 炮九平六　将 4 平 5　　2. 炮六平五（红胜）

第5局（图3-5），红先行。

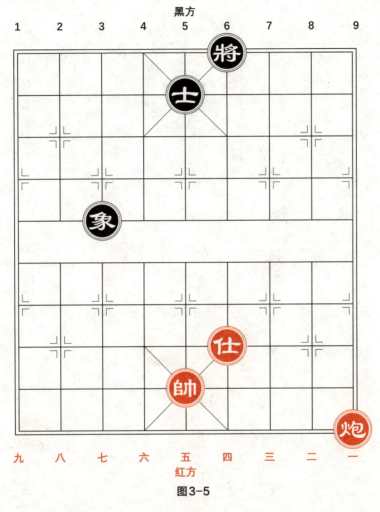

图3-5

1. 炮一平四　将6平5　　2. 炮四平五（红胜）

第 6 局 炮仕相全不胜单士象（图 3-6），红先行。

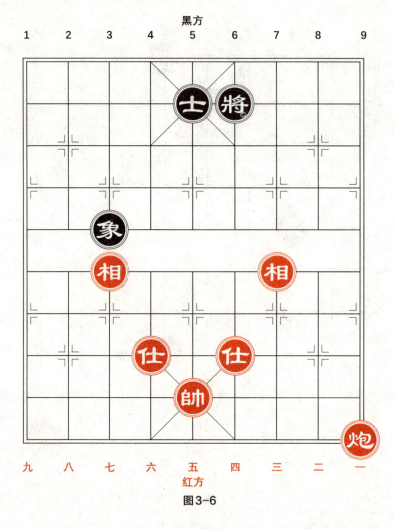

图 3-6

1. 炮一平七　象3退1
2. 炮七平五　士5进6
3. 帅五平四　士6退5
4. 相七退五　士5进4
5. 帅四平五　士4退5
6. 炮五平四　士5进6
7. 相五进七　象1进3（和棋）

图3-6局势是单士象守和炮仕象全的正图。

守和要点：

1. 二路肋将保护中士。
2. 士随仕转。
3. 象不飞中。

切忌形成图3-4、图3-5，只要防住不被炮方串打，正和。

第 7 局炮单仕不胜低卒（图 3-7），红先行。

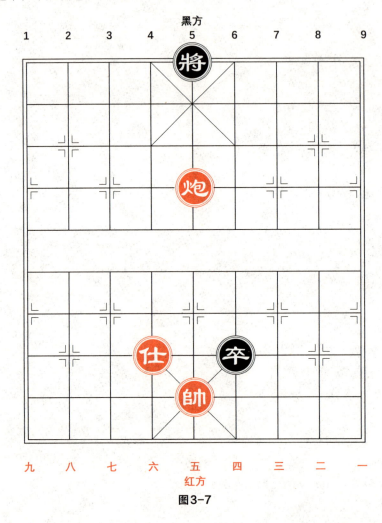

图 3-7

1. 炮五退一　将5进1
2. 炮五进一　……

如改走帅五退一或帅五平六，黑方均卒6平5，捉死仕，和。

2. ……　　　将5退1

正确。如改走卒6平7，则帅五平四，卒7平8，炮五平七，卒8平7，炮七退四，卒7进1，帅四进一，卒7平8，炮七退一，卒8平7，士六退五，卒7进1，炮七退一，卒7平8，士五退六，打死黑卒胜。

3. 炮五退一　将5进1（和棋）

第 8 局 炮双士必胜高卒单象（图 3-8），红先行。

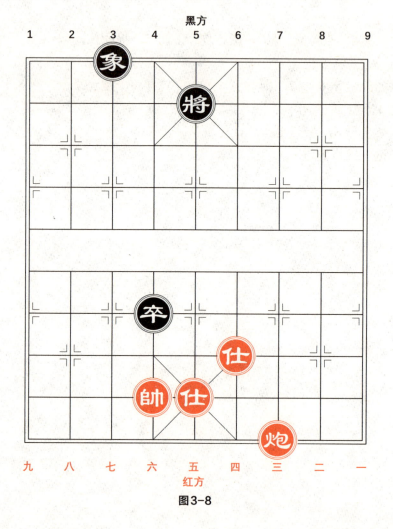

图 3-8

1. 炮三平六　卒 4 平 3
2. 帅六进一　象 3 进 5
3. 帅六平五　卒 3 平 4
4. 士五进六　卒 4 平 5
5. 帅五退一　卒 5 平 6
6. 炮六平四　卒 6 平 5

如改走卒 6 进 1，则炮四平八，将 5 平 6，炮八进二，卒 6 进 1，帅五平六，下步炮八退一打死黑卒胜。

7. 炮四平五　卒 5 平 4
8. 帅五进一　……

上帅正确，如改走炮五进七，卒 4 进 1，和棋。

8.……　　　将 5 平 6
9. 炮五进七　卒 4 平 5
10. 帅五退一　卒 5 平 6
11. 炮五平八　卒 6 进 1
12. 炮八退五　卒 6 进 1
13. 帅五平六（红胜）

第9局 双炮必胜双士（图3-9），红先行。

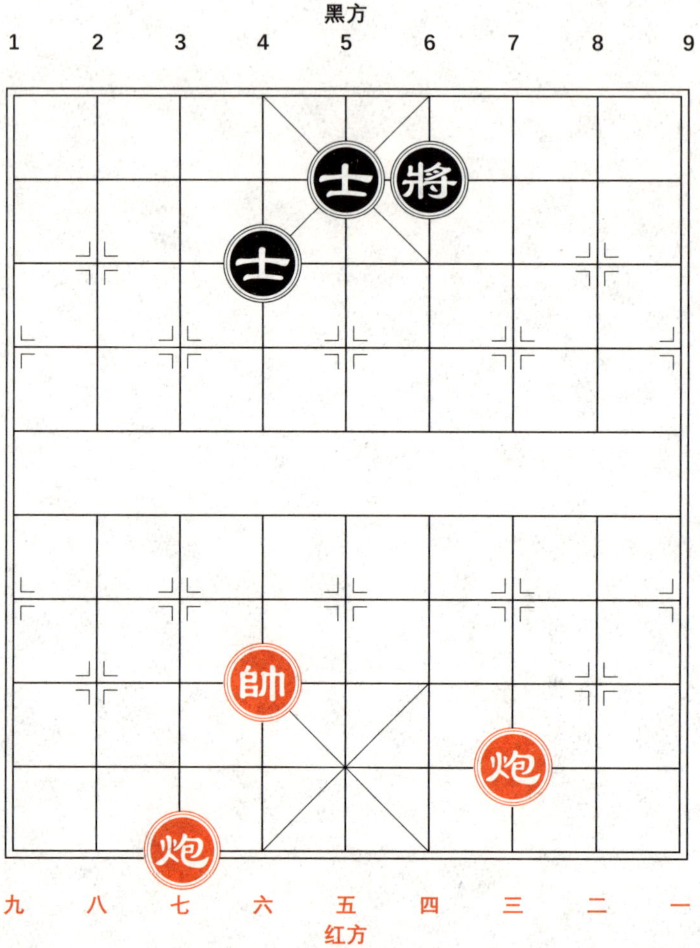

图3-9

1. 炮七平四　将6退1　　2. 炮三平四　将6平5
3. 帅六平五　将5平4　　4. 前炮平六　将4平5
5. 炮六进二　将5平6　　6. 炮六平五（红胜）

第10局 双炮双相必胜士象全（图3-10），红先行。

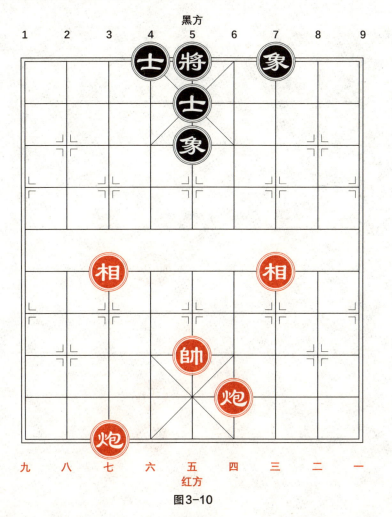

图3-10

1. 帅五平四　士5进4　　2. 炮七平五　士4进5
3. 炮四平六　象7进9　　4. 炮六平三　将5平4
5. 帅四平五　象9退7　　6. 帅五平六　将4进1
7. 炮三平六（红胜）

第11局双炮例和单车（图3-11），红先行。

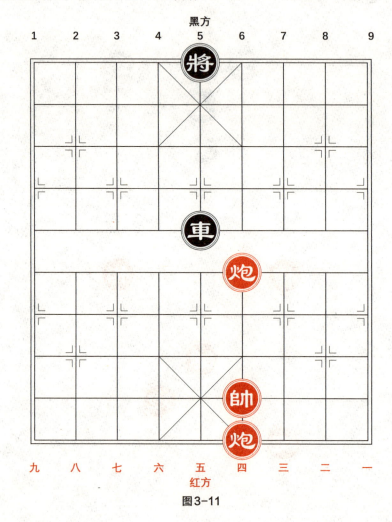

图3-11

1. 前炮进二　车 5 进 4
2. 帅四进一　将 5 进 1
3. 前炮退一　车 5 退 1
4. 帅四退一　车 5 退 3
5. 前炮退一　车 5 平 6
6. 帅四进一　将 5 退 1
7. 帅四退一（和棋）

双炮守和单车要领：一个炮在帅的下面，另一个炮在帅的前面走闲着，黑车无法打破红肋道的"担子炮"，这个阵型是和棋定式。

第 12 局单车巧胜双炮（图 3-12），红先行。

如果双炮方没有走成正和位置，单车方便有机会利用帅的牵制捉吃双炮，取胜。

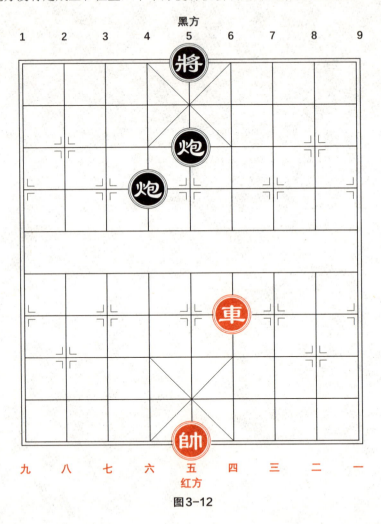

图3-12

1. 车四进四　炮5退1
2. 车四平六　炮4平6

只有平肋，否则用车借杀吃炮。

3. 车六平七　将5平4

如炮6退3，车七平四，下一手帅五平四归于实战着法，红胜。

4. 车七平四　炮6平3
5. 车四平六　将4平5

红方如车四进二，将4进1；车四退一，炮3平5，帅五平四，炮5退1，和。

6. 车六平七　炮3平4

如炮3平5；车七平五，炮5进1，车五退一，炮5进1，车五退一，炮5进3，车五退三，红步步紧逼，黑丢炮红胜。

7. 车七进二　炮4退3
8. 车七退一　炮5进1
9. 车七退一　炮5退1
10. 车七平六　炮4平3
11. 帅五平六（得炮红胜）

象棋

第四节

车类

第1局 单车必胜双士（图4-1），红先行。

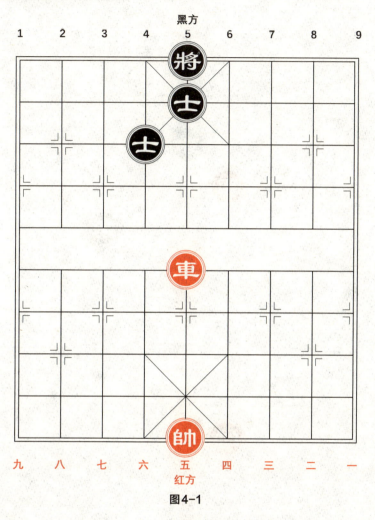

图4-1

1. 车五平四　将5平4　　　2. 车四平八　士5进6
3. 帅五平六　将4平5
如将4进1，则车八进三，士6退5，车八进一，将4退1，车八平五，红胜。
4. 车八进五　将5进1　　　5. 车八退二（捉死士胜）
单车必胜双士，这个残棋比较简单。用帅栓链住将、士，再用车破士胜。

第2局 单车必胜双象（图4-2），红先行。

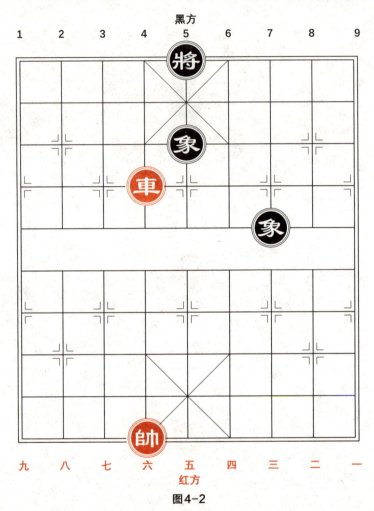

图4-2

1. 车六进三　将 5 进 1
2. 帅六平五　象 7 退 9

如改走将 5 平 6，车六平五，象 5 进 3，车五退四，象 7 退 5，车五平四，将 6 平 5，车四平七，红方破象胜。

3. 车六平一　象 9 进 7
4. 车一平三　将 5 平 4
5. 车三平五　象 5 进 3
6. 车五退四　象 3 退 5
7. 车五平六　将 4 平 5
8. 车六平三（红破象胜）

取胜要点：逼象高飞，车篡位占中，拔高车照将破象。

第3局 单车必胜单缺象（图4-3），红先行。

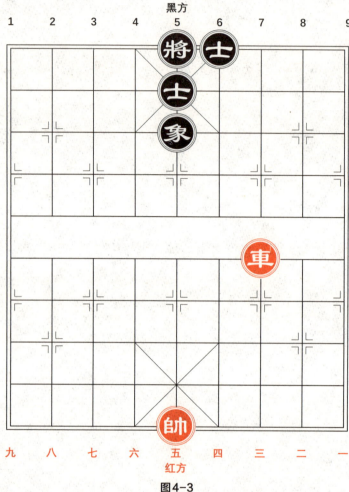

图4-3

1. 车三进三　象5退3　　2. 车三平七　象3进1
3. 车七平九（得象胜）

取胜方法：先用"十字路口抓大象"把象吃掉，再用单车破双士。

第4局单车必胜单缺象（图4-4），红先行。

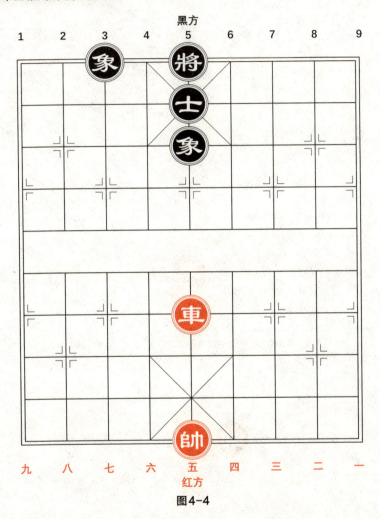

图4-4

1. 车五平二　象5退7　　2. 车二进五　象3进5
3. 帅五进一　士5退4　　4. 车二平八　象7进9
5. 车八进一　象9退7　　6. 帅五平六（红得士胜）

单士缺乏保护，必将被牵吃掉。取胜要点：车点二路，闲着等士，车运到没象的一侧，借帅力吃士。

第 5 局 士象全例和单车（图 4-5），红先行。

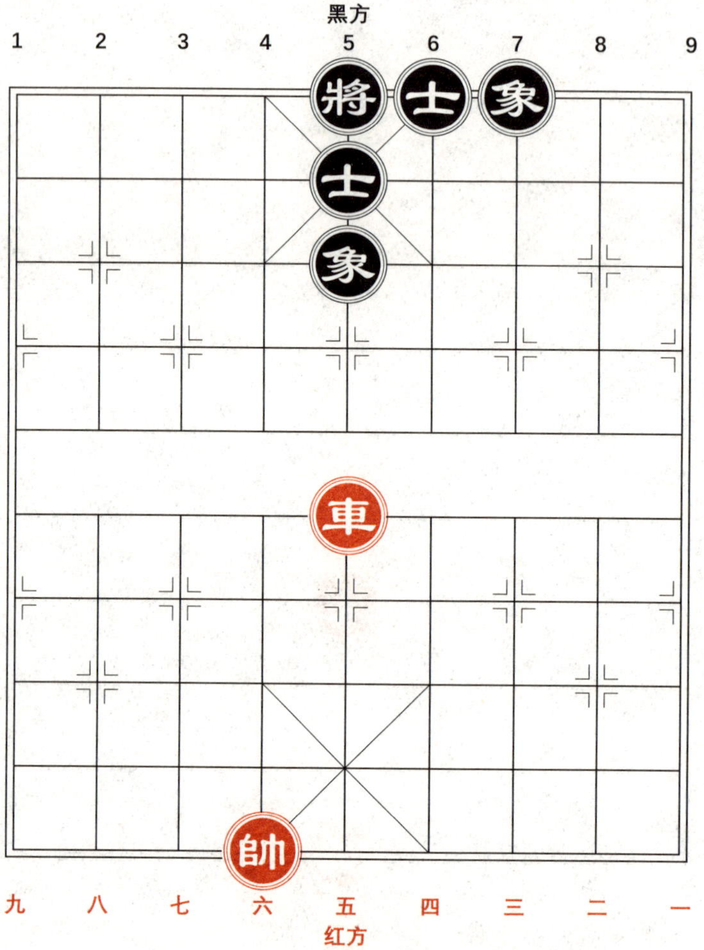

图 4-5

1. 车五平八　士 5 退 4　　2. 车八平六　士 6 进 5
3. 帅六进一　象 7 进 9　　4. 车六平五　象 9 退 7
5. 帅六平五　士 5 退 6　　6. 车五平三　士 4 进 5（和棋）

第 6 局 单车巧胜士象全（图 4-6），红先行。

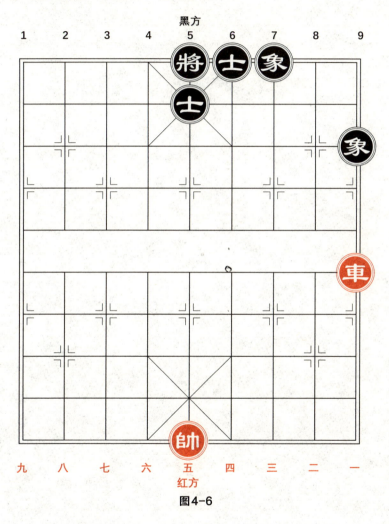

图 4-6

1. 车一进一　将 5 平 4
2. 车一平六　将 4 平 5
3. 车六平五　将 5 平 4
4. 帅五进一　将 4 进 1

如改走将 4 平 5，则帅五平六！黑象必丢。

5. 车五平六　士 5 进 4
6. 帅五平六　士 6 进 5
7. 车六平八　士 5 进 6
8. 车八进二　士 6 退 5
9. 车八进一　将 4 退 1
10. 车八平五（红破士胜）

第 7 局（图 4-7），红先行。

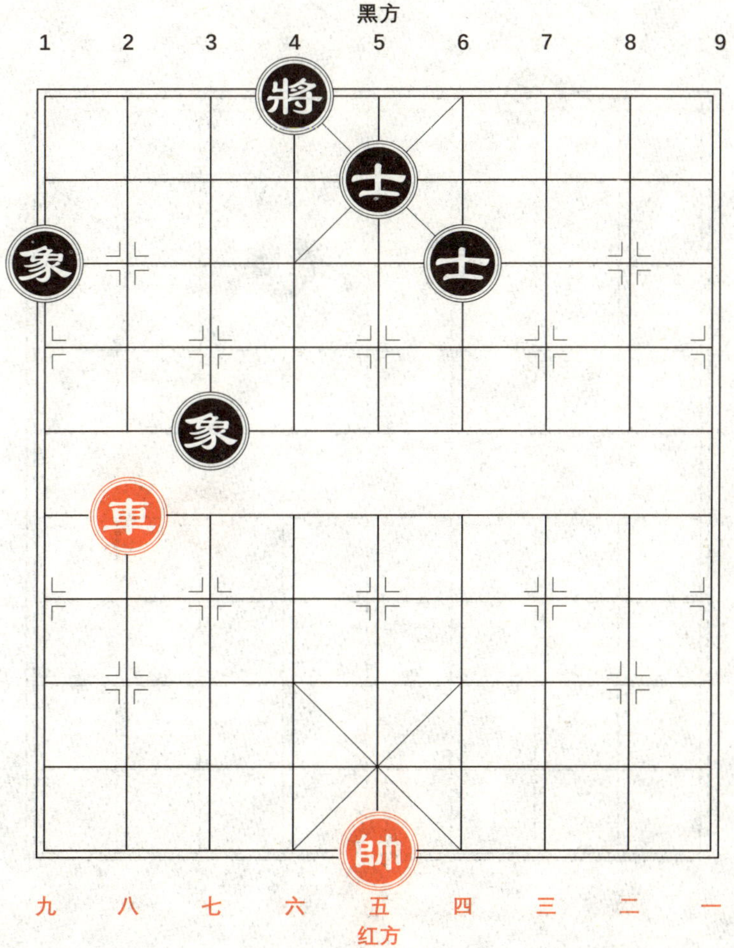

图 4-7

1. 车八进五　将 4 进 1　　2. 车八平九　将 4 进 1
3. 车九退一　士 5 退 6　　4. 车九平八　士 6 退 5
如士 6 进 5，则帅五进一！黑方士、象必丢一个。
5. 车八退二　将 4 退 1　　6. 车八平六　士 5 进 4
7. 帅五平六　士 6 进 5　　8. 车六平八（红破士胜）

第 8 局 单车必胜马单士象（图 4-8），红先行。

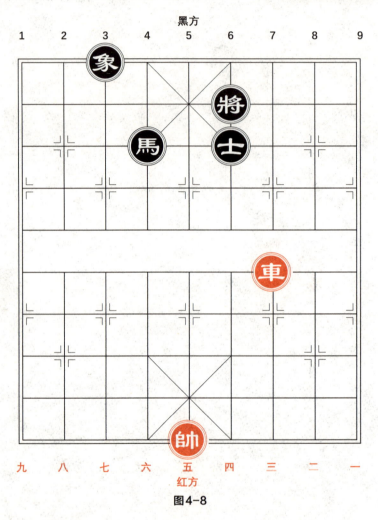

图 4-8

1. 帅五平四　象 3 进 5　　2. 车三平四　马 4 退 5
3. 车四平五　马 5 进 3　　4. 车五平二　马 3 进 4
5. 车二进二　马 4 退 2　　6. 车二平八　马 2 退 3
如改走马 2 退 4，则车八进二，将 6 平 5，帅四平五，红胜。
7. 车八平四（红胜）

第 9 局单车必胜马双士（图 4-9），红先行。

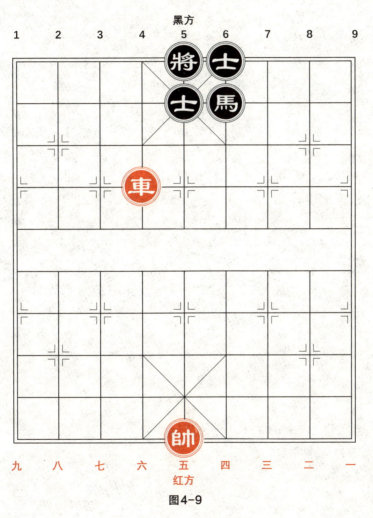

图 4-9

1. 帅五平六　马6退8　　　2. 车六平七　士5退4
3. 车七进二　马8进7　　　4. 车七进一　士6进5
5. 车七退三　士5退6　　　6. 车七平三　马7退8
7. 车三进二　马8进9　　　8. 车三平六　士4进5
9. 车六平八　士5退4　　 10. 车八进一　士6进5
11. 帅六平五　马9进7　　 12. 车八退二　马7进9
13. 车八平三　将5平6　　 14. 车三进二　将6进1
15. 车三退四　马5进3

如改走马5退6，则帅五平四，将6退1，车三进四，将6进1，车三平一，得士胜。又如改走马5退4，则车三平四，士5进6，帅五平四，士4进5，车四平三，马4进6，车三进一，马6进5，车三进二，将6退1，车三平五，红胜。

16. 车三平四　士5进6　　 17. 帅五平四　士4进5
18. 车四平七　马3进5　　 19. 车七平三　士5进4
20. 车三进三　将6退1　　 21. 车三平六（红胜）

单车对马双士是必胜残棋。图4-9是马双士方最顽强的防守图形，我们把这个藏在士背面的马称为"山后马"。

取胜要点：

1. 红方通过底线逼将的办法，将马置于无士的一侧；
2. 赶马到边路，远离中线；
3. 借助捉马之机先手高车，锁住将门；
4. 用红帅拴住黑棋肋士，破士取胜。

第 10 局（图 4-10），红先行。

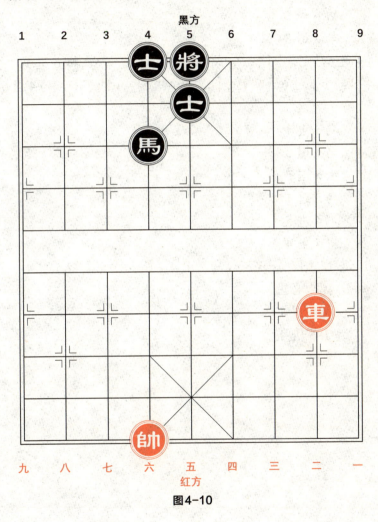

图 4-10

1. 帅六平五　将 5 平 6
2. 车二平四　将 6 平 5
3. 车四进四　马 4 退 3

如改走马 4 进 5，则车四平一，将 5 平 6，车一进二，将 6 进 1，车一退四，马 5 进 4，车一平四，士 5 进 6，帅五平四，士 4 进 5，车四平一，马 4 退 6，帅四进一，黑士必丢。

4. 车四平七　马 3 进 1
5. 车七平九　马 1 退 3
6. 帅五平四　士 5 退 6
7. 车九平一　马 3 进 1
8. 车一进二　士 4 进 5
9. 帅四平五　将 5 平 4

如改走马 1 进 2，则车一退五，马 2 退 4，车一平八，将 5 平 4，车八进五，将 4 进 1，帅五平六，黑士必丢。

10. 车一退三　将 4 进 1
11. 车一平六　士 5 进 4
12. 车六平七（红胜）

第 11 局 马双象例和单车（图 4-11），红先行。

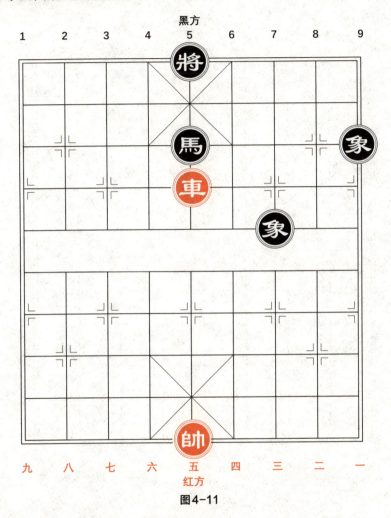

图 4-11

1. 车五平六　将 5 进 1　　2. 帅五进一　将 5 退 1
3. 车六进二　将 5 平 6　　4. 车六平五　马 5 进 4
5. 车五退三　马 4 退 5　（和棋）

图 4-11 是马双象官和单车的参考图。我们叫这种局势为马三象，请注意：马三象一定是高象、边象相连，中马在中象的位置，将走闲着，立和。

第12局单车巧胜马双象（图4-12），红先行。

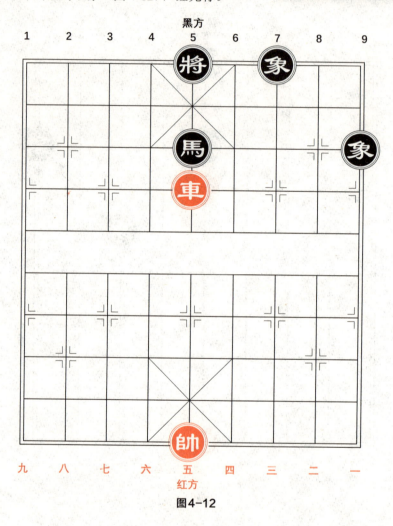

图4-12

1. 车五平八　将5平4
2. 帅五进一　将4平5
3. 车八进三　将5进1
4. 车八平六　将5平6
5. 车六平五　将6进1

如改走马5进3，车五退三，马3退4，车五进二，红胜。

6. 帅五退一！（红胜）

与上局的区别就是高象和，低象输。巧胜要点：帅占中，车借将先手占无象一侧的肋，沉底粘底象，然后篡位车的位置帅走等着，取胜。

第13局 炮双士例和单车（图4-13），红先行。

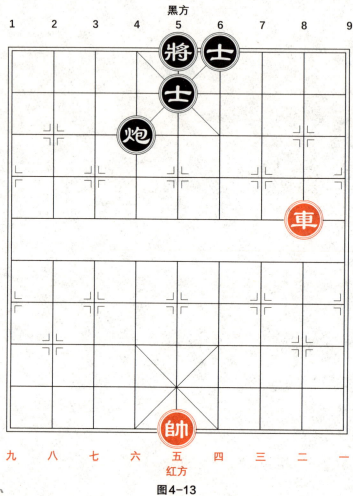

图4-13

1. 车二平九　将5平4

出将是正着。如黑方改走炮4退2，红车九进四胜。

2. 车九进四　将4进1　　3. 帅五平六　炮4进1
4. 车九退三　炮4退1　　5. 帅六进一　将4退1（和棋）

第14局 单车巧胜炮双士（图4-14），红先行。

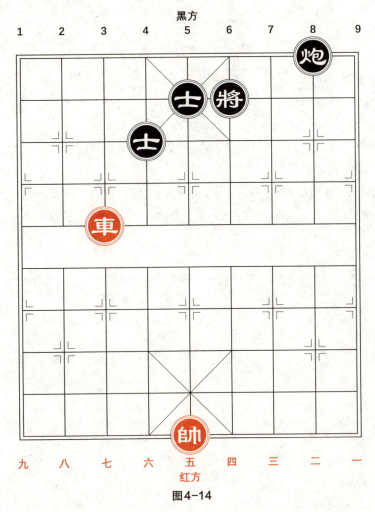

图4-14

1. 车七平四　士5进6
2. 帅五平四　炮8平6
3. 车四平五！炮6平1
4. 车五进四　炮1进4

如改走炮1进1，车五平九，炮1平5，车九平六，捉死士胜。

5. 车五平三　炮1平6
6. 车三退四　炮6退1
7. 车三进一　炮6进1
8. 车三平四（红胜）

　　此局图4-14，黑炮如在六路，将的下面，形成"炮三士"正和。炮双士守和单车要点：炮归士位，支起羊角士更为稳妥，炮、将走闲着，不动士，立和。

第 15 局炮双象例和单车（图 4-15），红先行。

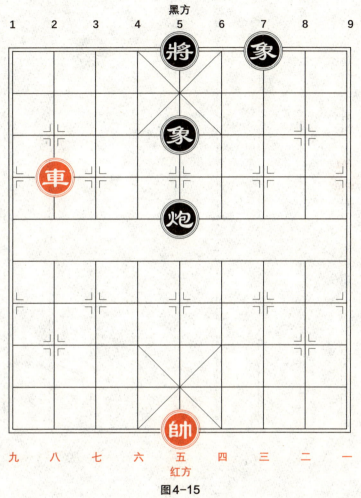

图 4-15

1. 车八平五　炮 5 平 7
2. 车五平三　炮 7 平 5
3. 帅五进一　炮 5 进 1（和棋）

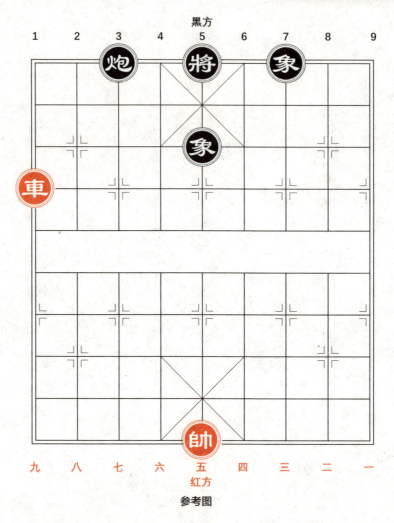

参考图

　　黑底象、中象相联、炮在中路，一旦红中车离开时，黑炮尽快回中，正和。炮双象守和单车，除了图 4-15 例，炮归底象位，底象中联（参考图），将走闲着也是很稳妥的正和棋形。

第16局单车巧胜炮双象（图4-16），红先行。

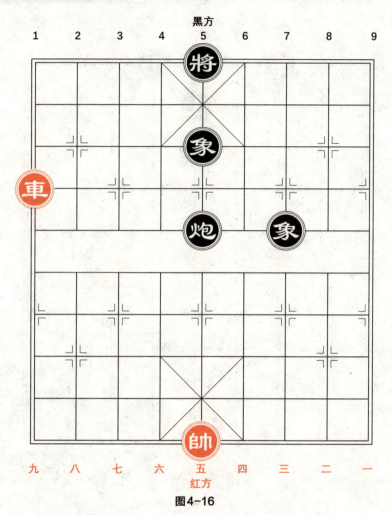

图4-16

1. 车九进三　将5进1　　2. 车九退四　炮5退1
3. 车九进一　炮5进2　　4. 车九平五　炮5平2
5. 车五退一　将5平4　　6. 车五平六　将4平5
7. 车六平三（红胜）

如图4-16改为黑先行，炮5平3，立和。

第17局 马单缺士对单车例和参考图（图4-17）。

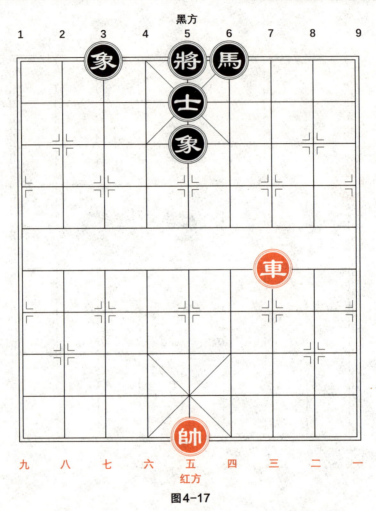

图4-17

图4-17形是正和棋参考图，我们称之为"只马当士"，马当士用，其防守力量与士象全相等，飞边象、跳马交替走闲着，正和。

第18局 单车巧胜马单缺士（图4-18），红先行。

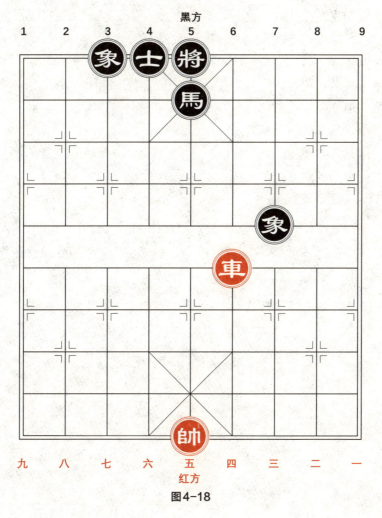

图4-18

1. 车四平二　将 5 平 6
2. 车二进五　将 6 进 1
3. 车二平六　象 3 进 5

如改走象 7 退 5，车六退一，象 3 进 1，车六平八，象 1 进 3，车八平九，得象胜。

4. 车六平九　马 5 进 3

如改走象 7 退 9，车九平一，象 9 进 7，车一退一，得马胜。

5. 车九退四　马 3 进 5
6. 车九平四　将 6 平 5
7. 车四平五　马 5 退 3
8. 车五平三（红得象胜）

第19局马单缺象对单车例和参考图（图4-19和图4-20）。

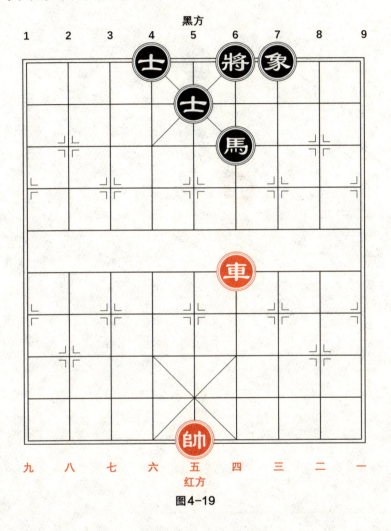

图4-19

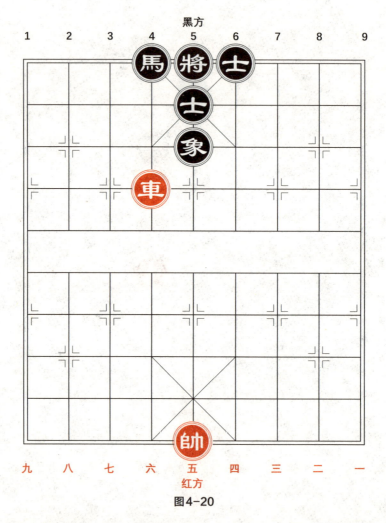

图 4-20

　　图 4-19 和图 4-20 是马单缺象守和单车的棋形,象棋术语称之为"只马当象"。守和要领:以士看马,以马看象,子子相连。马在士角时,要在将门一侧,或中象或马侧底象,立和。

第20局单车巧胜马单缺象（图4-21），红先行。

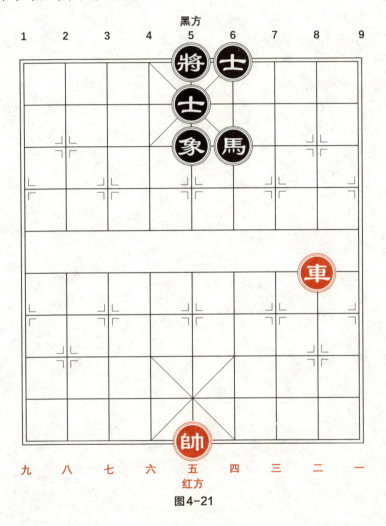

图4-21

1. 车二平五　象 5 进 7

如改走象 5 退 7，车五平九，将 5 平 4，车九平六，将 4 平 5，车六进三，马 6 进 5，车六平三，抓死象后形成单车必胜马双士。

2. 帅五平六　象 7 退 9
3. 车五进三　象 9 退 7
4. 车五平七　马 6 进 4
5. 车七退一　马 4 退 6
6. 车七进三　士 5 退 4
7. 车七平六（红得士胜）

第 21 局 单车例和三高卒定式 1（图 4-22），红先行。

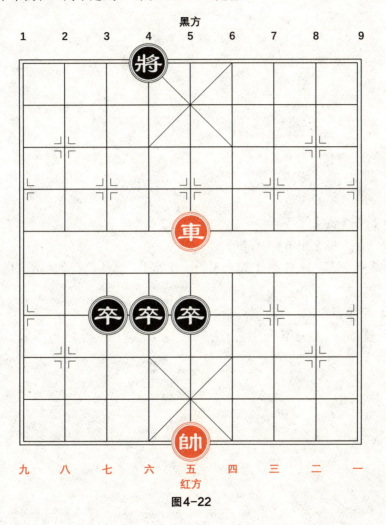

图 4-22

1. 帅五平六　卒 5 平 6
2. 车五进三　卒 3 平 2

正确，如改走卒 4 进 1，车五退四，卒 3 进 1，帅六平五，红胜。又如改走卒 6 平 7，车五退五，卒 7 进 1，车五退一，卒 7 进 1，车五退一，卒 7 进 1，车五退一，抓死黑卒胜。

3. 帅六进一　卒 2 平 3
4. 帅六退一　卒 3 平 2
5. 车五退二　卒 2 平 3
6. 帅六进一　将 4 进 1
7. 车五平四　卒 6 平 5
8. 车四平七　将 4 平 5
9. 帅六平五　将 5 平 6 （和棋）

三高卒并立于 3、4、5 路（或者 5、6、7 路），遮住自己的将脸的肋道卒必须由左右两卒支援，才可守和。

切忌：1. 卒下冲。

2. 卒平得过远，失去相互照应。

第22局单车例和三高卒定式2（图4-23），红先行。

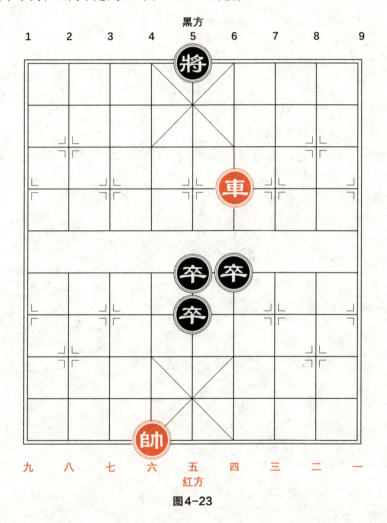

图4-23

1. 车四平五　将 5 平 6
2. 帅六平五　将 6 进 1
3. 帅五平四　前卒平 6
4. 帅四进一　将 6 进 1
5. 车五进二　卒 5 平 4
6. 车五退二　卒 4 平 5
7. 帅四退一　将 6 退 1（和棋）

三卒在中路集中一起，而且有两卒重叠，在中路筑成两道防线，用将和卒交换走闲着，前卒一定要随着帅移动，不可疏忽。

第23局 单车巧胜三高卒（图4-24），红先行。

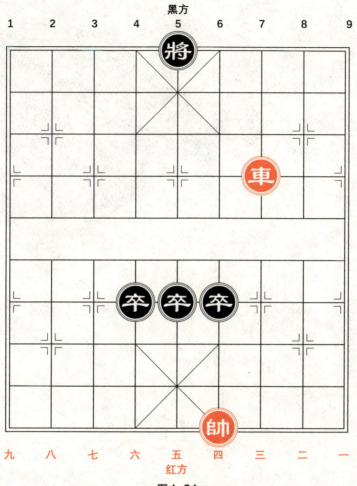

图4-24

1. 车三平五　　将5平4

如改走将5平6，车五进二，卒6进1，车五退三，卒5进1，车五退三，红胜。

2. 帅四平五　　卒4平3　　3. 车五平七　　卒3平2
4. 车七平六　　将4平5　　5. 车六退三　　卒2进1
6. 车六退一　　卒2进1　　7. 车六退一　　卒2进1
8. 车六退一（红吃卒胜）。

第五节

马兵类

第1局 马底兵必胜双士（图5-1），红先行。

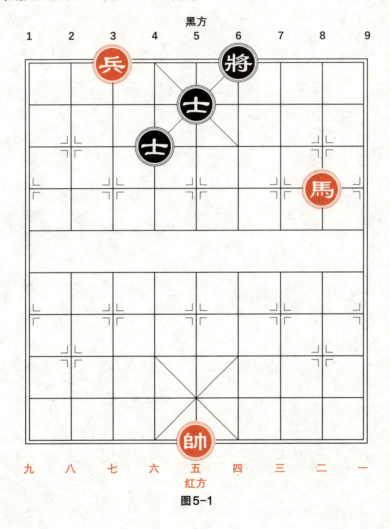

图5-1

1. 马二退四　　将6进1

如改走士5进6，兵七平六，士4退5，马四进三，将6进1，兵六平五，士5进4，马三进二胜。

2. 马四进三　　将6进1
3. 马三进二　　士5退6
4. 兵七平六　　……

红兵进入九宫、胜定。

4. ……　　　　士6进5
5. 兵六平五　　士5退4
6. 兵五平六（红胜）

小结：只要运用底兵换得一士，成"马擒单士"的必胜局面。

第 2 局马底兵必胜单象（图 5-2），红先行。

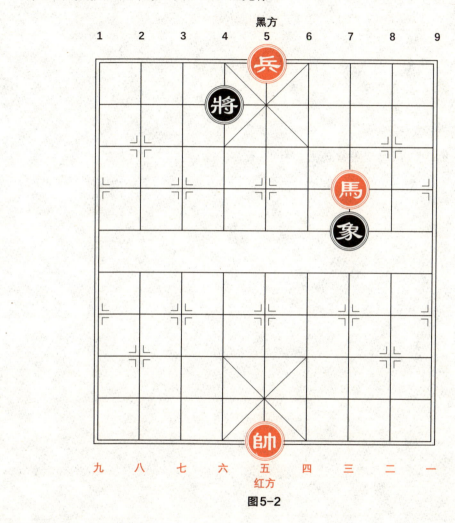

图 5-2

1. 马三退五　将 4 平 5

如改走象 7 退 9，马五进四，将 4 进 1，帅五进一，象必丢。

2. 兵五平六　将 5 平 4

如改走将 5 平 6，马五进三，将 6 进 1，兵六平五，象必丢。

3. 马五进四　象 7 退 5
4. 兵六平七　将 4 平 5
5. 马四进二 *

*：下一步马二退三，黑象必丢，红胜。

第 3 局 马高兵必胜炮单士（图 5-3），红先行。

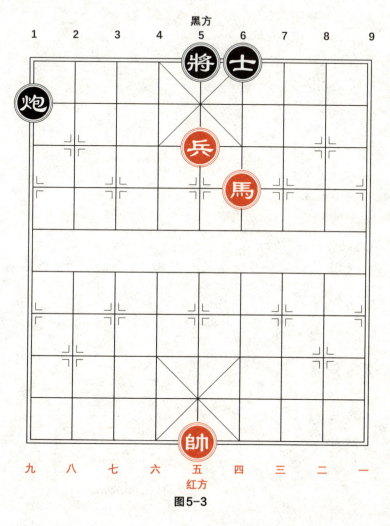

图 5-3

1. 帅五平六　炮1平4

如改走炮1平6，则马四进三，士6进5，帅六进一，士5退4，兵五平四，捉死炮胜。

2. 马四进三　将5平4
3. 帅六进一　炮4进5
4. 马三退二　将4进1
5. 马二进四　炮4退1
6. 马四进二　士6进5
7. 马二退一　炮4进1
8. 马一进三　士5进4
9. 马三进四（得士胜）

小结：马高兵必胜炮单士。

胜法：帅占肋道，运用等着造成黑方将炮被牵制的局面，然后马兵合力擒士获胜。

第4局 马高兵必胜炮单象（图5-4），红先行。

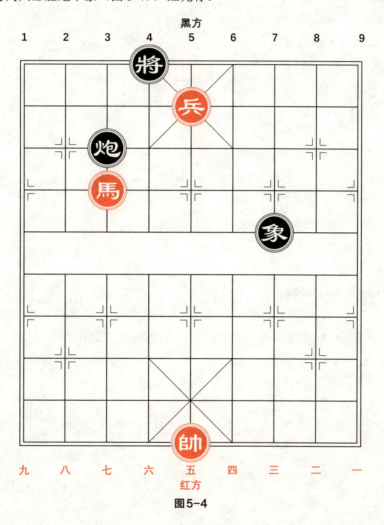

图5-4

1. 帅五进一　象7退9
2. 马七退六　象9退7
3. 马六进五　炮3退2
4. 兵五平六　将4平5
5. 帅五平四　……

帅、兵分占四路、六路，取胜要点之一。

5. ……　　　炮3进6

必走之着。否则马五进七"钓鱼马"胜。

6. 马五进七　炮3平6
7. 兵六平五　将5平6
8. 马七退六　炮6退4
9. 马六退五　炮6进4
10. 马五退六　象7进5
11. 马六退四（红胜）

回马枪，然后从右边盘旋而出，"将军"而胜，这是取胜的第二关键。

小结：马高兵必胜炮单象。胜法：马兵借帅力占宫心后，先用停着，待对方象飞边，再退马入中造成帅、兵分占四路、六路，然后用钓鱼马保兵入花心，即能定局而胜。此局即为开篇的"玉屠金鼎"赢法。

第 5 局马低卒不胜单炮（图 5-5），红先行。

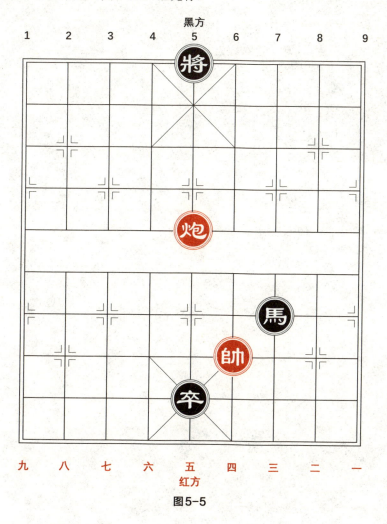

图 5-5

1. 炮五退二　马7进8
2. 帅四平五　马8进6
3. 帅五平四　卒5平4
4. 炮五进二　马6退8
5. 帅四平五　马8退7
6. 帅五平四　马7退5
7. 帅四平五　将5进1
8. 炮五进一　马5退7
9. 炮五退三（和棋）

小结：防守要领：炮占中、帅升顶，可以守和马低卒（特指二线卒）。注意：帅不往下走，炮不被马抽吃。

第6局 马底兵必胜单士象（图5-6），红先行。

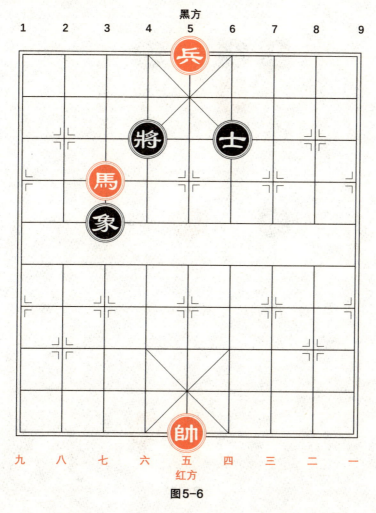

图5-6

1. 帅五平四　士6退5　　2. 马七退五　将4平5
3. 帅四进一　士5进4　　4. 马五进七　将5退1
5. 兵五平四　象3退5　　6. 帅四平五（捉死象胜）

小结：马、兵、帅合力运用逼着和等着，促其自相倾轧，同时解决好主帅助攻问题，步步为营迂回作战，逐步缩小包围圈，最终掠士或擒象胜。

第7局 马兵例和士象全（图5-7），红先行。

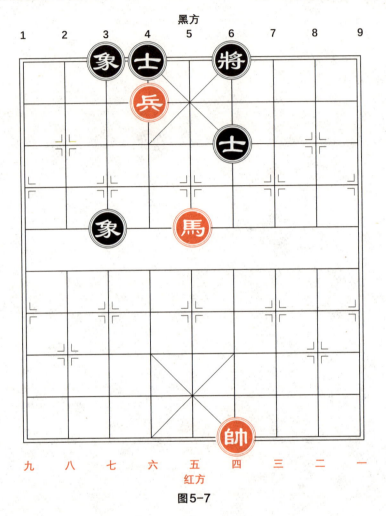

图5-7

1. 马五进三　　将6平5
2. 马三进二　　士6退5
3. 马二退三　　士5进6
4. 马三进一　　将5平6
5. 马一退三　　将6平5
6. 马三退五　　将5平6
7. 马五进六　　象3进1
8. 马六进八　　将6平5（和棋）

小结：这是士象全守和马兵的一个局势，特别要防止兵吃士后，黑象难飞，再丢一象，成"马低兵必胜单士象"的局面。

第8局马兵巧胜士象全（图5-8），红先行。

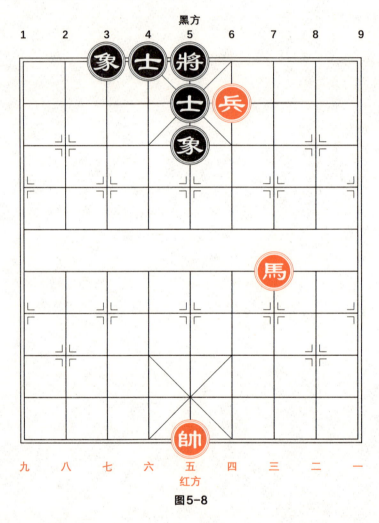

图5-8

1. 马三进五　象3进1
2. 帅五进一　象1进3
3. 帅五平六　象5退3
4. 马五退六　象3进5
5. 马六退八　士5进4
6. 马八进九　士4进5
7. 马九进八　士5退6
8. 马八进六　将5平4
9. 帅六平五　将4进1
10. 马六退五　象5进7
11. 马五退四　象3退5
12. 马四进六　象5进3
13. 马六进五　象3退5
14. 马五进三（捉死士胜）

小结：巧胜要领：中马钳制将士象，停着安排马去向，左帅右兵控制将门，争先回马边线上，必破一士，形成帅、兵分居四、六路，马低兵例胜单缺士的局势。

象棋

第六节

炮兵类

第1局 炮高兵必胜双士（图6-1），红先行。

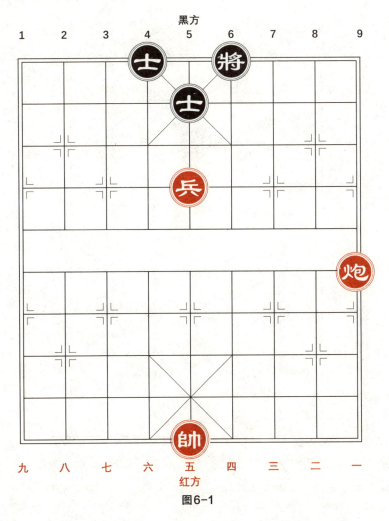

图6-1

1. 兵五平四　将6进1　　2. 炮一平四　士5进6
3. 帅五进一　士4进5　　4. 兵四平三（红胜）

小结：红方主帅占中助战，用炮兵联攻，使黑方无法防守。

第2局炮低兵例和双士（图6-2），红先行。

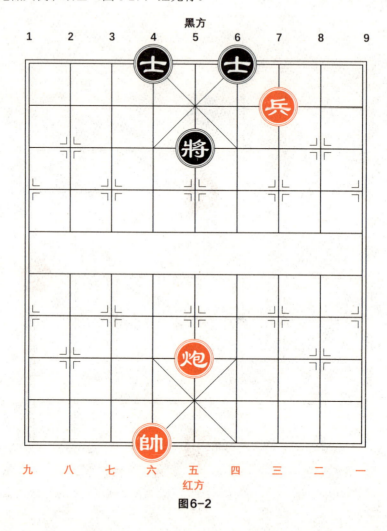

图6-2

1. 兵三平四　　将5平6
2. 兵四平三　　士6进5
3. 炮五平二　　士5进4
4. 帅六平五　　士4退5
5. 炮二进五　　士5退6
6. 炮二进二　　士6进5
7. 帅五进一　　士5进4（和棋）

小结：黑方须以将制兵，使红方帅兵无法移到同一侧线。如将不宜动时，则动士，使红炮无法兑双士，即可守和。

第3局 炮低兵巧胜双士（图6-3），红先行。

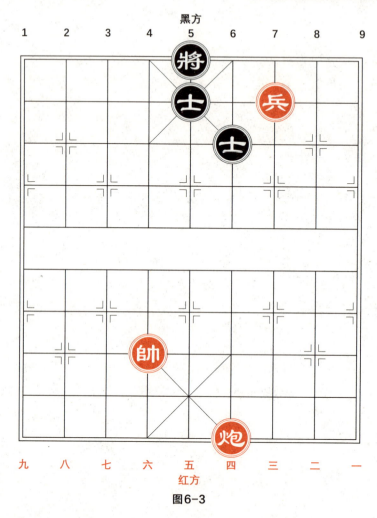

图6-3

1. 兵三平四　士5进4　　2. 炮四平六　士4退5
3. 帅六退一　士5进4　　4. 炮六进七　将5平4
5. 炮六进一　将4平5　　6. 炮六平七　士6退5
7. 帅六平五（红胜）

小结：红方兵、帅分占四、六路，用炮破士，即可获胜。

第4局炮高兵必胜单象（图6-4），红先行。

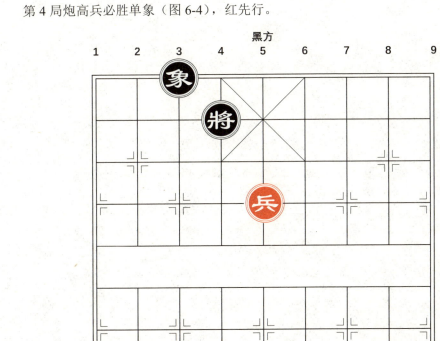

图6-4

1. 兵五进一　象 3 进 1

如改走将 4 退 1，则兵五平六，红速胜。

2. 炮二进四　象 1 进 3

3. 炮二平六　象 3 退 1

4. 炮六平八　象 1 退 3

5. 炮八进二　将 4 退 1

6. 兵五平六（红胜）

小结：此局红方运用了"三别象眼"的获胜技巧。

第5局 炮低兵例和单象（图6-5），红先行。

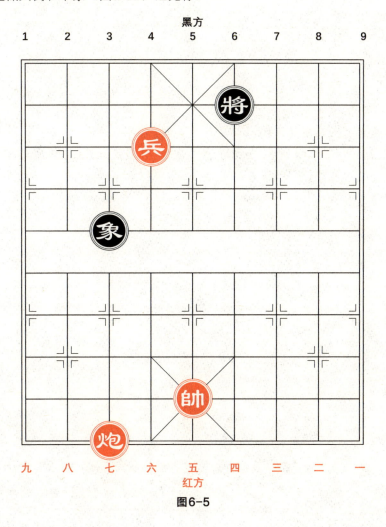

图6-5

1. 炮七平六　将6进1
2. 炮六进六　将6退1
3. 兵六进一　将6退1
4. 兵六平五　象3退1
5. 炮六平八　象1退3
6. 兵五平六　象3进1
7. 帅五进一　将6进1（和棋）

小结：当红兵塞象眼时，应立即飞边象，用将走闲着，当兵移中路时，就退底象，等机会飞中象，再飞到另一侧去。

第6局炮高兵例和双象（图6-6），红先行。

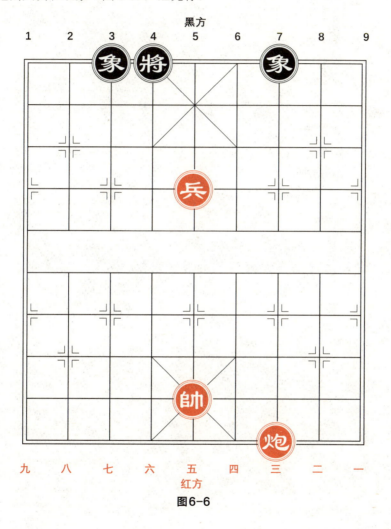

图6-6

1. 兵五平六　象3进5
2. 炮三平五　将4进1
3. 帅五进一　将4退1
4. 兵六进一　将4平5
5. 炮五进七　将5进1
6. 炮五退一　象7进9
7. 帅五平六　象9退7
8. 炮五平二　象7进9
9. 帅六退一　象9退7
10. 炮二进二　将5退1
11. 兵六进一　将5平6
12. 兵六平五　象7进5（和棋）

小结：黑方要注意飞与红兵同侧的象，当红方以炮破中象时，黑方不吃红炮，而用象走应着，使红兵无法既控制黑将又同时塞象眼，即可守和。

第7局 炮高兵巧胜双象(图6-7),红先行。

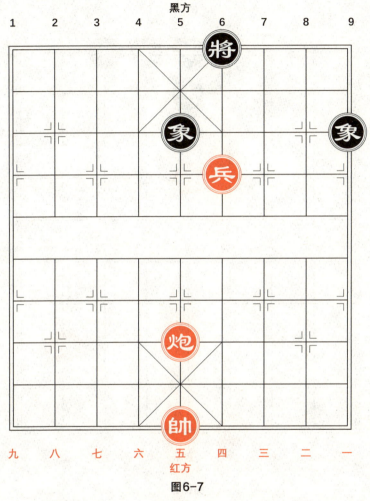

图6-7

1. 兵四进一　象9进7　　2. 炮五进四　象7退9
3. 兵四平五　将6进1　　4. 炮五平二　象9退7
5. 炮二进二　将6退1　　6. 兵五平四(红胜)

小结:红方利用黑方防守位置欠佳的弱点,或以炮换双象,或兵白吃象,均可取胜。

第8局 炮高兵巧胜士象全（图6-8），红先行。

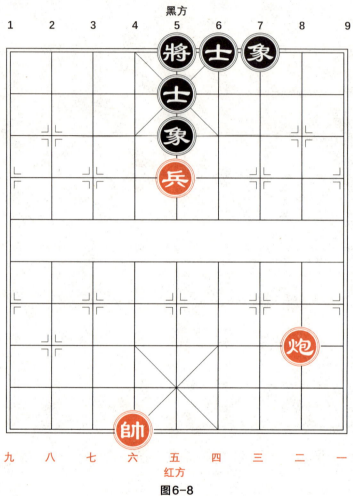

图6-8

1. 兵五进一　士 5 进 4

中兵破象是获胜的关键。黑方如改走象 7 进 5，则炮二平五！困毙胜。

2. 炮二进七　士 4 退 5
3. 帅六进一　士 5 进 6
4. 兵五平四　将 5 进 1
5. 炮二退一　将 5 退 1
6. 兵四进一　士 6 进 5
7. 炮二平五　象 7 进 9
8. 炮五退二　象 9 进 7
9. 炮五平四　象 7 退 9
10. 炮四平二　象 9 退 7
11. 炮二进二（红胜）

小结：一般情况下，炮高兵无士相不胜士象全。本局属特殊一例。先用兵白吃象，后用炮沉底，主帅助攻，白吃双士，形成右兵左帅局势，再用炮"塞象眼"，造成黑方"困毙"。

第9局 炮低兵巧胜士象全（图6-9），红先行。

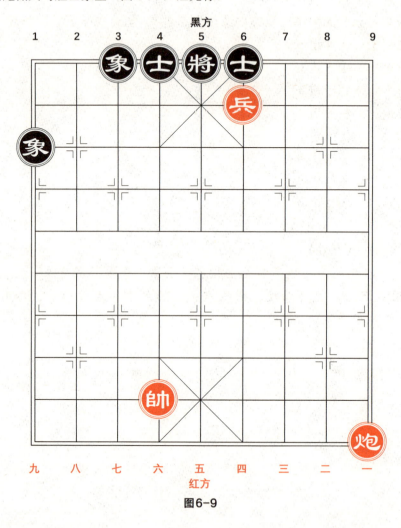

图6-9

1. 炮一平五　象1进3
2. 炮五进四　象3退1
3. 帅六平五　象1进3
4. 帅五平四　象3退1
5. 炮五平二　士6进5
6. 帅四平五　象1进3
7. 炮二平七　象3退1
8. 帅五退一　象3进5
9. 炮七平五　象1退3
10. 帅五平四（红胜）

小结：本局为传统的炮低兵胜士象全的技法，其运子手段非常精妙。

第七节

车兵类

第 1 局 车低兵必胜单车（图 7-1），红先行。

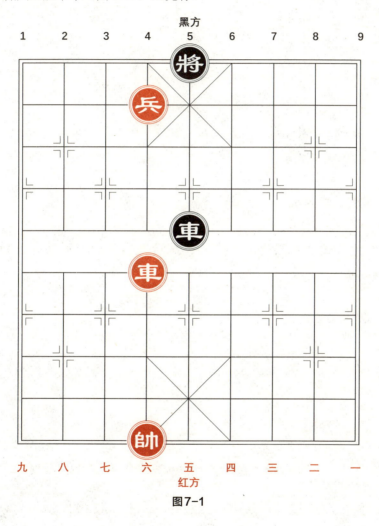

图 7-1

1. 兵六平七　车 5 进 2
2. 车六进五　将 5 进 1
3. 兵七平六　将 5 平 6
4. 车六平二　车 5 退 1
5. 车二退一　将 6 进 1
6. 车二平五　车 5 退 4
7. 兵六平五　将 6 平 5
8. 兵五平六　将 5 平 6
9. 帅六平五　将 6 退 1
10. 兵六平五　将 6 进 1
11. 帅五进一（红胜）

小结：红方要设法把黑将赶开中路，然后兑车，利用低兵的控制力，以"单兵擒王"而胜。

第 2 局车底兵例和单车（图 7-2），红先行。

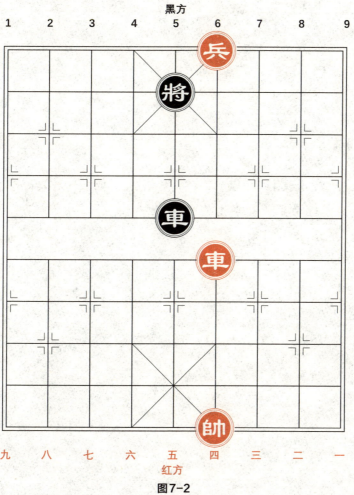

图 7-2

1. 车四进四　将5进1
2. 兵四平五　车5进1
3. 兵五平六　车5退1
4. 车四进一　……

准备借助底兵的力量，兜底照将抽车。

4. ……　　将5平4

避将，车永不离中，是守和的关键。

5. 兵六平七　将4退1
6. 车四退一　将4进1
7. 车四进一　将4退1（和棋）

小结：黑方保持高车，且永不离中，立和。

第3局 车低兵巧胜单车（图7-3），红先行。

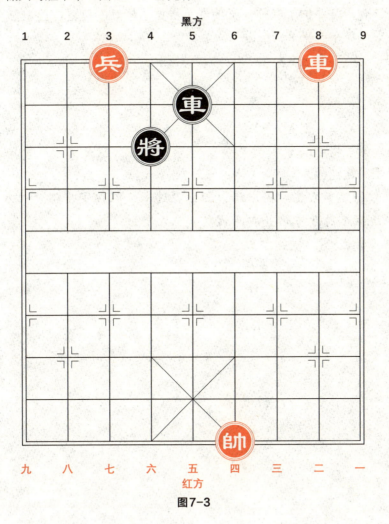

图7-3

1. 车二平四 ……

积极的等着，既保护了红帅，又使红车占据了极好的位置，逼迫黑车离开中路。

1. …… 车5平8
2. 车四平五 车8进3
3. 帅四平五 车8退3
4. 车五退五 车8进8
5. 帅五进一 车8平4
6. 车五进五 将4退1
7. 车五平六（红胜）

小结：本局黑车虽然占据中路，但位置过低，阻住了将路。红方正是抓住了这一弱点，迫黑车离开中路并取而代之，从而取胜。

第 4 局 车高兵必胜马士象全（图 7-4），红先行。

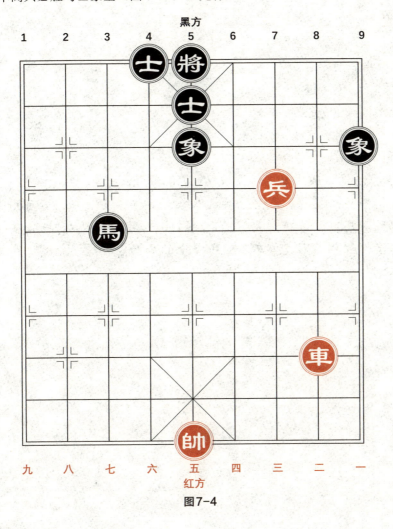

图 7-4

1. 车二平五　象9退7
2. 兵三进一　象5进7
3. 兵三进一　象7进5
4. 兵三平四　士5退6
5. 车五平二　士4进5
6. 车二进七　马3退5
7. 兵四平五　将5进1
8. 车二平四*

＊：兵换双士后，成"单车巧胜马双象"的局面。

小结：车高兵必胜马士象全。兵换双象；兵换一士一象，皆可用我们前面学过的方法取胜。马不合位的情况下，用换双士，也可巧胜。但一定要注意，不能让黑方用马换掉红兵，形成单车不胜士象全的局面。

第 5 局车兵例和炮士象全（图 7-5），红先行。

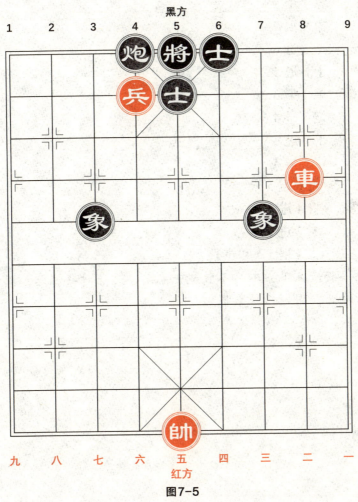

图 7-5

1. 车二平七　象3退5
2. 车七进三　象7退9
3. 车七退二　象9退7
4. 帅五进一　士5进6
5. 车七平八　士6退5
6. 帅五退一　炮4平3
7. 车八平七　炮3平4
8. 帅五进一　士5进6
9. 兵六进一　将5平4
10. 车七平八　士6退5
11. 车八进二　将4进1
12. 车八平七　象7进9
13. 车七退三　将4退1（和棋）

小结：在一般情况下，车兵不胜炮士象全。防守时要注意，以炮当士；炮与双象必须左右分开；用炮保护象眼。

第 6 局 车高兵巧胜炮士象全（图 7-6），红先行。

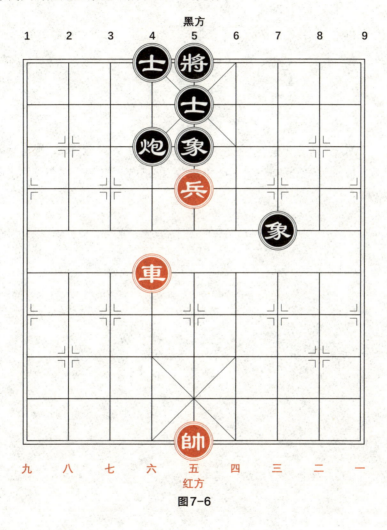

图 7-6

1. 车六进一　炮 4 平 2
2. 车六平五　士 5 进 4

如改走炮 2 进 3，则兵五平四（不可兵五进一，否则黑方象 7 退 5，车五进二，将 5 平 6，立和），得象胜。

3. 兵五平四　象 7 退 9
4. 车五平八　炮 2 平 3
5. 车八进二（捉双红胜）

小结：此局由于黑方的炮、士、象占位失调，象被红车牵制，造成了或丢象或丢炮的局面，从而使红方有了巧胜的机会。

第   节

马双兵类

第1局马双兵例和马士象全（图8-1），红先行。

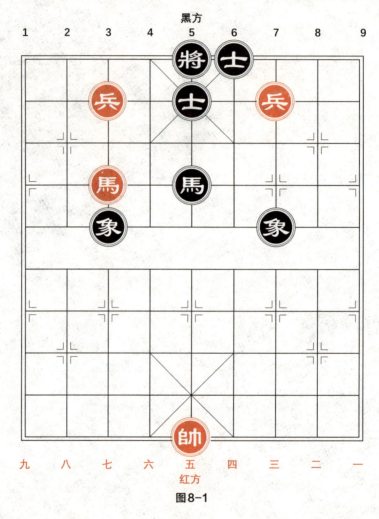

图8-1

1. 兵七平六　象7退9　　2. 帅五进一　象9进7（和棋）

小结：马士象全占位得当可以守和马双兵。黑马最佳的防守位置，是在黑方中卒的位置，这个位置的马可以防止红方的双兵"二鬼拍门"，当然如果熟练掌握了士象全守和马兵的技巧，也可以在危急时刻用马换兵。

第 2 局 马双低兵单相巧胜马士象全（图 8-2），红先行。

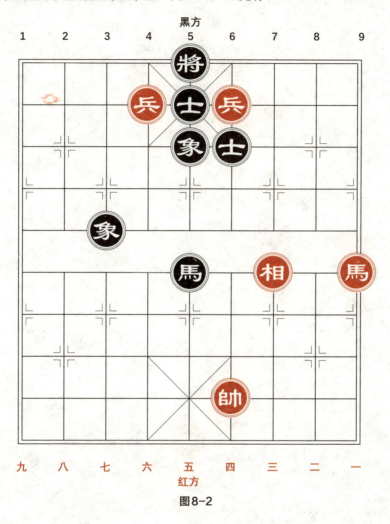

图 8-2

1. 马一进二　马 5 退 6

如改走马 5 退 7，则**兵四平五**！将 5 平 6（如士 6 退 5，则**马二进三**，红胜），**兵六进一**，红胜。

2. 马二进三　马 6 退 4　　3. 兵四平五　将 5 平 6　　4. 兵五进一　将 6 进 1
5. 马三退一　马 4 进 5　　6. 马一进二　（红胜）

小结：如果黑马远离了最佳的防守位置，红方双兵就有机会迫近九宫形成"二鬼拍门"之势，从而制造巧胜的机会。

第3局 马双兵例和炮士象全（图8-3），红先行。

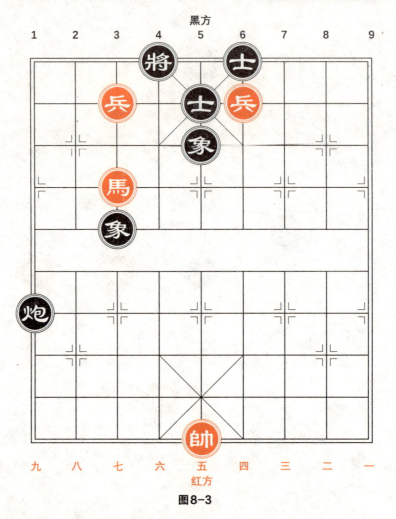

图8-3

1. 帅五平四　将4平5　2. 兵七平六　炮1退5
退炮正确，否则红方马七进八！绝杀。
3. 马七退五　士5进6　4. 兵四进一　将5平6
5. 兵六平五　炮1进4　6. 马五进三　炮1平7
7. 马三进二　炮7退4　8. 马二退三　炮7进1（和棋）

小结：炮士象全占位得当可以守和马双兵。危急时刻可以用炮换兵，演变成马兵难胜士象全的例和局面。

第九节

马炮类

第 1 局 马炮必胜士象全（图 9-1），红先行。

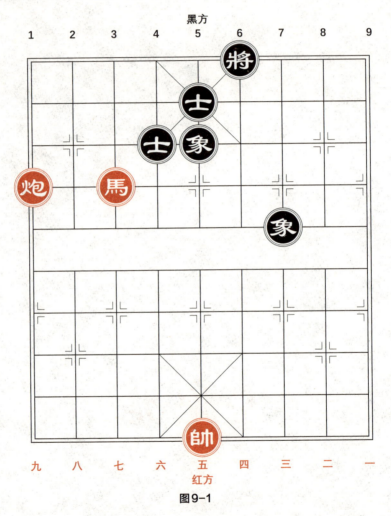

图 9-1

1. 马七退五　象7退9
2. 炮九平四　将6平5
3. 炮四平五　象9退7

黑方如改走将5平6，马五进三！象5进7，马三进二，将6进1，炮五平九，士5退4，炮九进三，士4退5（如象7退5，则退马将军，抽吃黑象），马二退三，将6进1，炮九退一，士5进4，炮九平一下步马三进二杀，红胜。

4. 马五进三　将5平4

如改走将5平6，则马二进三，将6平5（如将6进1，则炮五平一，红胜），马二退四，将5平6，炮五平四，红胜。

5. 炮五平六　将4平5
6. 马三进二　士5退6
7. 马二退四　将5进1
8. 马四进三（得象胜）

第2局（图9-2），红先行。

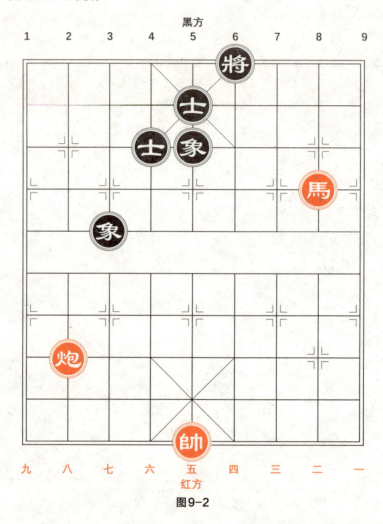

图9-2

1. 炮八平四　将 6 平 5
2. 炮四进三　士 5 退 6

如改走将 5 平 4，则马二进三，士 5 退 6，帅五平六，象 5 退 7，马三退四，得士胜。又如改走士 5 退 4，马二进三，将 5 进 1，炮四平六，得士胜。

3. 马二进四　将 5 平 4
4. 帅五平六　……

出帅正确，如误走炮四进四，则士 4 退 5，捉双立和。

4. ……　　象 3 退 1
5. 炮四进四（得士胜）

第 3 局 马炮仕相全必胜马士象全（图 9-3），红先行。

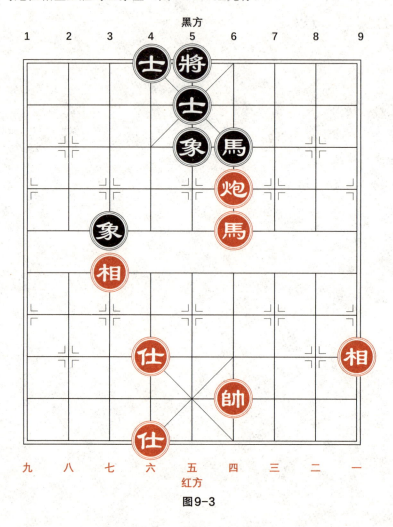

图 9-3

1. 马四进六　象 5 退 3

黑方此时如改走马 6 进 8，则炮四平三！黑马必丢。又如改走马 6 退 8，则炮四平五，马 8 进 6，炮五退二，将 5 平 6，炮五平四，马 6 进 8，马六退四，马 8 退 6，马四进五，红方吃象胜定。

2. 马六进七　马 6 退 4
3. 炮四平八　士 5 进 4
4. 炮八平五　象 3 退 1
5. 炮五退五　象 1 进 3
6. 马七退八（红方得士胜定）

第4局（图9-4），红先行。

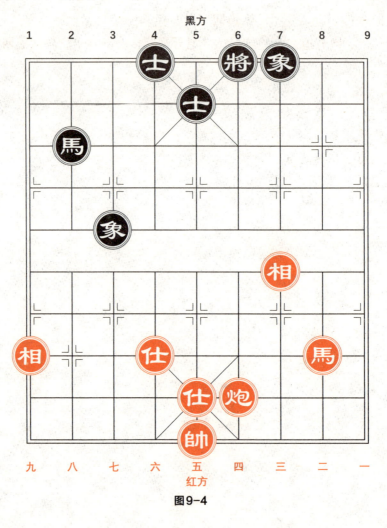

图9-4

1. 马二进一　马2进4

黑方如改走象7进5，马一进二，马2进4，马二退四，马4退6，马四进五吃象胜定。

2. 马一进二　将6进1

黑方如改走将6平5，仕五进四！下步马二进三杀，红胜。

3. 马二进三　象3退1

黑方如改走将6退1，则马三退四，将6平5，仕五进四，马4退6，马四进六，将5平6，马六退七，红方得象胜定。

4. 马三退四　马4进6

5. 仕五进四　马6进7

6. 马四进二　双杀红胜。

小结：此类残局属于比较复杂、有一定难度的实用残局。赢棋要点：避免兑子，一旦形成子力交换立即成和。帅、仕、相都有助攻作用。马炮通过进攻伺机蚕食对方士、象，只有破去对方士象全，方能取胜。

第 5 局 马炮仕相全例和炮士象全（图 9-5），红先行。

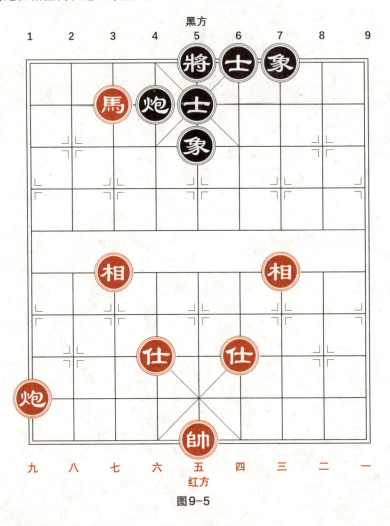

图 9-5

1. 炮九平六　将5平4
2. 炮六平二　炮4进1
3. 炮二进八　炮4退1
4. 马七退八　炮4平2
5. 马八退六　象5进7
6. 马六进四　炮2平4
7. 马四进二　……

如改走马四进五吃士，则将4平5，红马被栓住，和棋。

7. ……　　　象7退5（和棋）

第 6 局 马炮仕相全巧胜炮士象全（图 9-6），红先行。

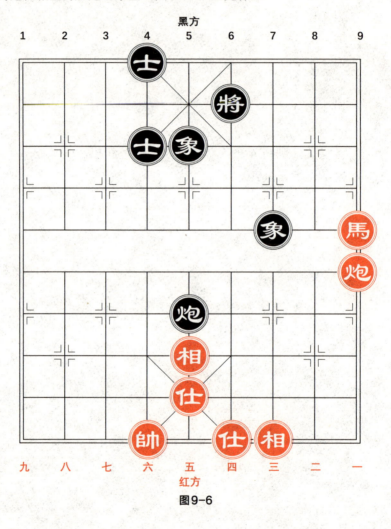

图 9-6

1. 马一进三　将6平5

黑方如改走将6退1，则马三进二，将6平5（如将6进1，炮一进四红胜），炮一平五，象5进3（如动士则马二退四，再平炮杀棋），马二退四，将5进1，马四退三，红方得象胜定。

2. 炮一平五　将5平4

如改走象5进3，则马三退五，将5平4，炮五平六，士4退5，马五进七，将4进1，炮六退三，下步仕五进六，红胜。

3. 炮五平六　士4退5
4. 马三退五　士5退6
5. 炮六退三　士4进5
6. 士五进六　士5进4
7. 炮六进六　红方得士胜定

炮打士正确，此时如误走马五进六，则炮5平4！立即成和。

小结：一般来讲单炮士象全一方子力归位的情况下，对阵马炮仕相全是正和棋。与前面的单马士象全的残局相比较，就是我们常说的"炮和马不和"。但是象棋的奇妙之处，就在于有很多的不确定性，这也是常常出现巧胜的原因。

第十节

其他类

第1局 车双兵仕相全例和车士象全（图10-1），红先行。

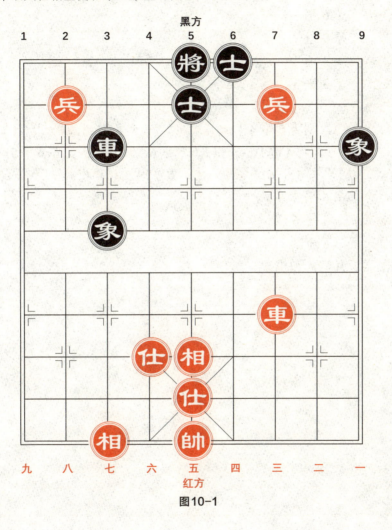

图10-1

1. 兵三平四　　车 3 平 6
2. 车三进五　　车 6 平 3
3. 车三平二　　象 9 进 7
4. 仕五退六　　象 3 退 1
5. 相五进七　　车 3 平 5
6. 仕六进五　　……

如改走帅五平四，则将 5 平 4！兵八平七，车 5 平 3，兵四平五，（如兵四进一，则车 3 退 1，兵四平五，将 4 进 1！和棋）车 3 平 6，帅四平五，车 6 平 5，帅五平四，车 5 退 1，车二进一，车 5 平 6，帅四平五，象 7 退 5！和棋。

6. ……　　　　车 5 平 3
7. 车二退二　　车 3 平 6
8. 兵四平三　　车 6 平 3

红兵无法靠近九宫，和棋。

第 2 局车双兵仕相全巧胜车士象全（图 10-2），红先行。

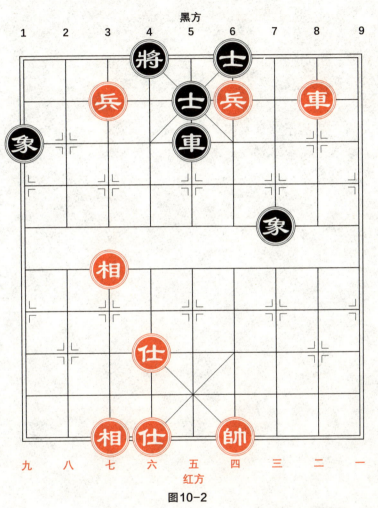

图 10-2

1. 兵四进一！ 士 5 退 6

如改走车 5 平 6，则帅四平五，车 6 退 2，车二平五，红胜。

2. 兵七平六　将 4 平 5
3. 车二平四　士 6 进 5
4. 兵六平五　车 5 退 1
5. 车四进一（红胜）

小结：此类残局属于难度较高的实用残局。单车方守和要点是：车的位置要在三路横线，象不可在中路相联，否则车难以兼顾两边士角，容易发生危险，同时注意用飞象做应着。

第 3 局车马例和车双士（图 10-3），红先行。

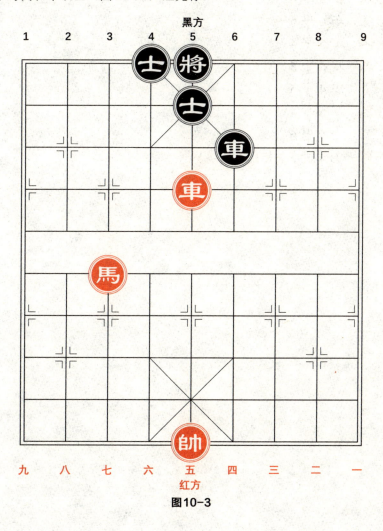

图 10-3

1. 马七进六　将5平6
2. 车五平三　车6平5
3. 帅五平六　车5平4
4. 车三平四　将6平5
5. 帅六平五　车4平5
6. 帅五平四　车5平4
7. 车四平三　士5退6
8. 车三平四　士4进5（和棋）

第 4 局 车马双相必胜车双士（图 10-4），红先行。

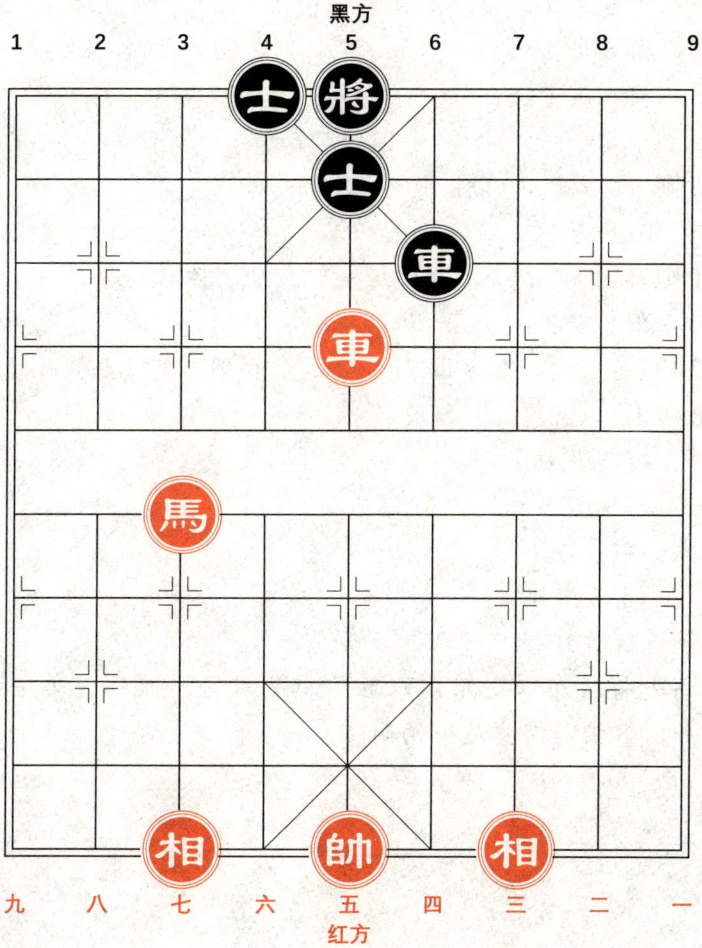

图 10-4

1. 马七进六　将 5 平 6
2. 车五平三　车 6 平 5
3. 相三进五　车 5 平 4
4. 车三进三　将 6 进 1
5. 马六退四　车 4 平 8

如车 4 平 6 则马四退二，红胜。

6. 车三退一　将 6 退 1

如将 6 进 1 则相五退三，下一手马四进六，红速胜。

7. 马四进三　车 8 平 9

如车 8 进 7，帅五进一，车 8 退 7，相五退三，车 8 进 6，帅五退一，车 8 退 6，车三进一，将 6 进 1，马三进二，红胜。

8. 车三进一　将 6 进 1
9. 马三进二　车 9 退 2
10. 车三平六　将 6 进 1
11. 车六平八　士 5 进 4
12. 相五退三（红胜）

小结：车马光将对车双士难以取胜。车马双士、双相、单士相均必胜车双士。车马方单士、单相则需要足够的耐心。

第5局 车马单士相例胜车双象（图10-5），红先行。

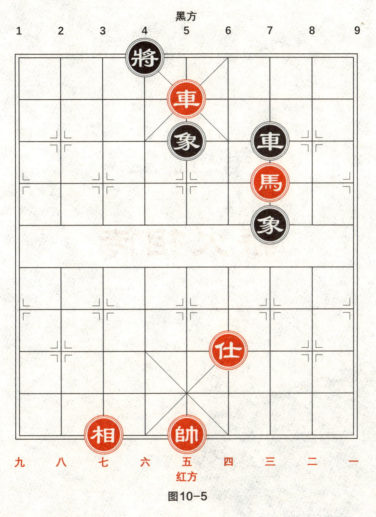

图10-5

1. 马三退五　象5进3　　2. 马五进七　车7平3
3. 车五进一　将4进1　　4. 车五平七（红胜）

第五章

薪火相传

1951年由李济深（黄埔军校副校长，原国民党高级将领）向国务院提出了申请，经周恩来总理亲自批准，1952年在北京正式成立棋艺研究社。1956年，国家体委将象棋列入第一批体育项目之中，当年就在北京举行了我国历史上第一次全国性的象棋比赛——全国象棋锦标赛。这次赛事的举办，也标志着象棋从传统文化中的"艺"正式转向竞技体育。

从谢老1958年正式执教算起，谢门师承至2018年正好一个甲子。1975年王国栋老师在什刹海体校招收的第一批学员中后来出了一个特级大师——谢思明，一个象棋大师——喻之青。自1987年方士庆老师正式调入体校至2003年师兄弟一直倾力合作，在此期间经过培训的学生中后来又出了特级大师1人：王天一；象棋大师6人：常婉华、李轩、靳玉砚、董子仲、李茉、么毅。全国少年冠军9人次：刘军凯、李侠、李茉、董子仲（12岁组）、杨眆（10岁、12岁组两次）、王天一（12岁、14岁、16岁组夺得三次）。未从事专业的师兄弟们也大都学业有成，其中不乏各自领域的佼佼者，大家因棋结下了深厚的友谊。

我们进入师门，学习棋艺更学做人，跟随师辈学做会感恩的人。象棋发展的几十年也是社会飞速进步的几十年，现在的象棋竞技体育功能已被逐渐弱化，更多的转化成了文化推广和素质教育。唯有不忘历史，吸取、总结前人的经验，才能与时代同行。

谢小然先生
（照片由方士庆老师提供）

谢小然先生的部分弟子们,摄于1985年。(照片由方士庆老师提供)

后排左起:李松年,孟庆生,王国栋,方士庆,贾永利,赵宗贵。
前排左起:付光明(象棋大师,1979年获全运会象棋赛季军),赵汉邦,刘文哲,陆兴,李燕贵,高吉先。
这张照片摄于谢小然先生病逝后,众弟子在北京大北照相馆,留下珍贵的合影。按照年龄入门先后排序。居中的是大弟子刘文哲,著名的双枪将(国际象棋国家队原总教练。第一个战胜苏联特级大师的中国棋手,一人获象棋大师、国际象棋大师和国际大师三个称号。)

"亚洲女皇"谢思明:在1980—1987年,五次获得中国象棋全国女子个人冠军,并因蝉联三届全国女子个人冠军,成为中国第一位女子象棋特级大师。

在1980—1988年五届亚洲象棋锦标赛中四度夺魁。并在1988年成为亚洲第一位女子象棋国际特级大师,曾任北京市政协委员。

退役后创办了银鸿广告公司,1997—2005年间,她策划、组织并在中央电视台担任嘉宾,主持讲解了230余场象棋电视快棋赛节目。

1984年全国个人赛。

1985年南北国手对抗赛。

喻之青：1975年暑期，喻之青报名参加了400人的象棋普及班。经过一年短训班、二年长训班，终入选仅十余人的重点班训练。1980年进入北京队，1984年获得全国个人赛第六名，跻身国手行列。

摄于1982年 北方铁路工厂比赛冠军杨永明。

2013年世界智力运动会 杨永明与莱德博士

杨永明：1976进入什刹海体校，代表解放军队征战十年国内赛场，后考取国家级裁判资格，专业重心转向青少年培训和裁判工作。

常婉华与何连生大师主持象棋世界。

摄于2008年　北京大学—清华大学棋类、桥牌对抗赛（照片由方士庆老师提供）。

左起清华大学：郭珲、李茉（加州大学博士）、郭颂曦（瑞典生物硕士）。
北京大学：任刚（捧杯者）、杨晛、王天一。
参赛六人皆是同门师兄弟。

摄于2012年11月　庆祝王天一首次夺得全国个人赛男子冠军。（照片由方士庆老师提供）

后排右起：
王辰龙（山西大学）、岳重洋（中国科技大学）
么毅（象棋大师、北京队现役队员）、鲍端（留英硕士）
任刚（威凯杯冠军、北京大学硕士）、董子仲（象棋大师、北京大学硕士）、李玥（留英硕士）、
杨晛（北京大学硕士）、郭珲（清华大学）
李镛（首师大数学博士）、姜之舟（陕西大学在读）
前排右起：
王天一（北京大学、特级国际大师，当前男子等级分排名第一）
方士庆老师、王国栋老师、李鹏（中国棋院象棋部）
在提倡素质教育的今天，这是人才辈出的一代。

2015年常婉华与唐丹、刘欢合作夺得第三届全国智力运动会专业女子团体冠军。

常婉华：1984年进入什刹海体校，1986年进入北京象棋队，1989年获得象棋大师称号，现任北京象棋队教练、北京市象棋协会秘书长。

2018年全国象棋团体赛中的么毅、靳玉砚，观战者为常婉华。

靳玉砚：现役棋手，1988年进入体校，1995年进入北京象棋队，2006年获得象棋大师称号。

么毅：现役棋手，1998年进入方士庆老师的象棋班，2015年入北京象棋队试训，2016年获得象棋大师称号，2017年正式入队。

2017年玉环杯
（照片由王天一提供）

2018年全国象棋团体赛
（照片由王天一提供）

2018年象甲联赛　王天一
（照片由王天一提供）

2019年财神杯（照片由王天一提供）

王天一：1989年生于北京，象棋特级大师，两届全国象棋锦标赛（个人）冠军。两届世界象棋锦标赛个人、团体冠军。多次获得世界智力精英运动会、亚洲象棋锦标赛（个人）冠军，目前为男子等级分第一人。

摄于2018年中秋节

此照片中最早的学生1975年进入体校。
前排左起：周平、杨永明、谢思明、王国栋、方士庆、李晓京、田刚、常婉华、张琦
二排左起：张诗骑、任刚、高建中、郝京京、张桐、陈硕、郑琪、杨静、刘娜、吕华、薛媛、任玥（国际象棋、体校的室友）、李侠。
三排左起：王辰龙、李镛、杨晛、董子仲、李成、刘威辰、靳玉砚、郭瑞頔、李轩、郭珲、岳重洋、李鹏、李玥。

摄于2018年9月　本书三位作者左起：叶中、常婉华、杨永明。